Les Forces Productives De La France: Le Libre #change Et Le Syst#me De Protection

Edouard Salvador

LES
FORCES PRODUCTIVES DE LA FRANCE.

LE LIBRE-ÉCHANGE

ET LE SYSTÈME PROTECTEUR,

Lettres à un Fabricant de Lyon.

L'agriculture.
L'industrie française.
Le bon marché.
L'industrie anglaise.
Le Zóllverein et la Suisse.

La marine marchande et la navigation.
Le décret du 22 novembre 1853. —
La houille et le fer.
Colonisation.

LES FORCES PRODUCTIVES DE LA FRANCE.

LE LIBRE-ÉCHANGE

ET LE SYSTÈME PROTECTEUR,

Lettres à un Fabricant de Lyon,

PAR

EDOUARD SALVADOR.

PARIS,

AMYOT, ÉDITEUR, RUE DE LA PAIX,

1854.

Lyon, impr. de Vve MOUGIN-RUSAND, rue Centrale, n. 61.

LES

FORCES PRODUCTIVES

DE LA FRANCE.

LE LIBRE-ÉCHANGE

Et le Système Protecteur.

LETTRE I.

Monsieur,

Vous voulez bien me permettre, Monsieur, d'exposer quelques-unes de mes idées sur la doctrine du libre échange et du système protecteur qui divise toujours notre pays en deux camps bien distincts. Aujourd'hui que les passions politiques se taisent, que le calme se fait, que la chaîne interrompue de nos prospérités se renoue, que le travail a repris un essor inespéré, et que tous les regards attentifs, toutes les forces vives se tournent vers cette merveilleuse transformation du monde matériel qui s'opère avec une admirable rapidité, le moment me paraît bien choisi pour une pareille étude. Je tâcherai d'être aussi bref que possible. Pourtant, comme c'est là un sujet immense, complexe, qui touche aux plus graves intérêts et qui ne saurait tenir dans des limites trop restreintes, je vous demande la permission de le traiter par lettres et de m'y reprendre à plusieurs fois.

Je dois vous dire d'abord, Monsieur, que j'entends me placer sur un terrain neutre et que je ne veux pas plus me faire le champion du libre-échange que du système protecteur ; je trouve à cette neutralité l'avantage précieux d'être entièrement à mon aise, pour combattre dans les deux systèmes ce qu'ils me paraissent recéler d'excessif.

Le vice radical des doctrines absolues, en matière d'économie politique, c'est de tourner bientôt à l'utopie, de renfermer en elles un germe précoce de caducité et d'être condamnées d'avance à une incessante mobilité. Entre les praticiens mercantiles et les physiocrates du XVIIIe siècle, qui ne voyaient de richesse, les uns, que dans l'argent, les autres, que dans le produit net de la terre, entre les prohibitionnistes, qui ne demandaient que monopoles, priviléges, règlements, jurandes, maîtrises, comme Colbert et les disciples modernes du laissez-faire et du laissez-passer, de l'école de Quesnay et de Smith, il y a déjà un abîme. C'est l'écueil de toute science moderne qui n'a pas encore trouvé sa voie. En économie politique, les faits nouveaux, les découvertes nouvelles déconcertent les plans les mieux conçus; tandis que la science spécule, pose ses principes et cherche ses lois, l'industrie, véritable Protée, se régénère, revêt d'autres formes, d'autres aspects, emprunte à la mécanique, à la vapeur, des forces et des leviers inconnus jusqu'ici, se joue des obstacles, des prévisions, et, dans son magnifique essor, brise sans pitié les étroites formules auxquelles on prétendait l'asservir. Ce n'est pas tout : les distances s'annulent, les points les plus inaccessibles se nivellent, les territoires les plus lointains se rapprochent; de nouveaux liens, de nouvelles associations se contractent; les zônes commerciales, le transit, les entrepôts se déplacent; la terre découvre d'inépuisables trésors; les débouchés, les sources de la richesse, de la production et de la consommation varient à l'infini; l'homme est appelé à se promener librement et vite en tous les sens, à être informé avec la rapidité de l'éclair et à vivre en un même jour des produits naturels et industriels de tous les lieux et de tous les climats. La vitesse est désormais la véritable stratégie des peuples modernes; portée dans le jugement, elle fait l'homme de génie, portée dans les choses, elle enfante des prodiges.

Pourtant, au milieu de cet antagonisme, de ce va-et-vient de systèmes exclusifs qui s'épuisent dans des luttes stériles, ne serait-il pas possible de tirer quelques enseignements de leurs propres abus? C'est ce que je me propose d'examiner.

L'une des plus funestes conséquences des systèmes économiques, c'est d'avoir fait de la navigation, du commerce, de l'industrie, de l'agriculture, des classes d'intérêts parfaitement distinctes, qui n'avaient rien de commun entr'elles et rien de mieux à faire qu'à guerroyer, à se proscrire, à s'entourer de remparts et à s'isoler les unes des autres dans leurs bastions, comme d'anciens seigneurs féodaux, pour se préserver de leur contact et de leurs empiètements respectifs. On se souvient que ces intérêts ont eu, surtout dans les derniers temps de nos débats parlementaires, leur corps d'armée, leurs chefs, leur tactique, leurs drapeaux et leurs passions non moins âpres, non moins orageuses que celles des partis politiques; et cependant, pour quiconque suit de près les transformations successives du monde matériel, il est impossible de n'être pas frappé de la solidarité croissante de ces diverses classes d'intérêts, des liens qui les relient, des secours réciproques qu'elles se prêtent et des assimilations flagrantes qui tendent de plus en plus à les fondre ensemble, à leur imprimer une même physionomie et à les faire mouvoir par les mêmes ressorts. L'agriculture, par exemple, que l'on croirait de prime-abord si bien faite pour vivre à part de sa vie propre, ne saurait se passer de l'assistance de l'industrie, et, pour peu que le progrès se fasse, que les méthodes de cultures anglaises se généralisent, que les agents mécaniques pénètrent dans nos campagnes, que la vapeur avec la pioche de M. M. Barrat, se substitue à la main de l'homme dans la plupart des travaux agricoles, la terre ne sera bientôt plus qu'une immense fabrique de produits, et il sera vrai de dire avec Rossi, qu'elle n'est qu'une collection de machines de forces inégales. Vous n'ignorez point, Monsieur, qu'on a remarqué à l'exposition universelle de Londres, une variété considérable de machines aratoires. Vous savez en outre, que les points où s'agglomèrent de nombreuses populations d'ouvriers attachés à l'industrie deviennent aussitôt pour les produits agricoles des foyers énergiques de consommation, et que, chaque jour, la fabrique demande à l'agriculture une somme plus importante de matières premières. On a observé que depuis que les forges du Creuzot ont poussé de si vigoureuses racines, la consommation du vin par les ouvriers qui en dépendent s'est élevée à la quantité énorme de 22 à 24 mille hectolitres par an, ce qui correspond au quart de ce que la Belgique entière consomme en vins de toutes provenances.

Nous sommes ici, Monsieur, dans la métropole des soieries par excellence. En moins de dix années, la consommation de la soie s'est élevée d'un million de kilogrammes à deux millions. L'industrie lyonnaise double la valeur de la matière première qui, en 1850, n'est pas restée au-dessous de 140 millions. Si cette magnifique industrie, l'un de nos plus rares joyaux, continue à se développer dans la même mesure, on peut prévoir qu'aux 39 millions de mûriers que possède déjà la France dans 19 de ses départements, viendront s'adjoindre de nombreuses plantations de cet arbre précieux, et que de nouvelles magnaneries construites sur le plan de la ferme expérimentale de Sainte-Tulle, où pénétreront peu à peu les méthodes et les races améliorées par les savantes recherches de MM. Eugène Robert et Guérin-Menneville, ne tarderont pas à élever la production de la soie indigène à un niveau plus rapproché de la consommation.

Vous savez, Monsieur, qu'on évalue la quantité de cocons produite annuellement en France à plus de 13 millions de kilogrammes, qui donnent un million de kilogrammes de soie. En améliorant les races, au point de n'employer que onze kilogrammes de cocons, pour obtenir un kilogramme de matière première, la production de la soie pourrait s'accroître de 18 pour 0|0 ou de 180,000 kilogrammes valant, à 60 fr. le kilogramme, dix millions 800,000 francs.

De même que l'industrie seconde puissamment l'essor de l'agriculture, de même, l'agriculture à son tour prête des forces plus grandes à cette dernière, en lui livrant des produits naturels plus perfectionnés et mieux appropriés à ses besoins, en fournissant un supplément utile de salaire à ses ouvriers, dans les périodes de chômage. C'est ainsi que ces deux sources intarissables de production se tiennent par d'étroites affinités, par des rapports intimes, se complètent, se suppléent et se servent réciproquement d'aiguillon et de soutien.

La solidarité qui lie le sort de l'agriculture au sort de l'industrie rattache également la fortune de celle-ci au commerce extérieur et à la navigation. Une industrie sans débouchés est comme un navire sans la mer, un rail-way sans la vapeur. Quelque vaste que soit le marché national qui l'alimente, elle est condamnée, tôt ou tard, à produire un trop-plein, à provoquer de redoutables crises et à s'ensevelir dans ses propres triomphes et dans sa propre fécondité.

Enfin, un commerce extérieur, sans un riche mobilier maritime, sans une marine marchande fortement organisée, sans un système de comptoirs et d'étapes habilement échelonnés, sans matières encombrantes, pour alimenter le fret, sans un taux modéré de ce fret, un pareil commerce est destiné à perdre chaque jour quelques vertus de sa force expansive, à déserter ses marchés, à reculer devant la concurrence, à être vaincu par elle et à se mouvoir dans les plus étroites proportions. J'aurai bien souvent l'occasion d'insister sur ce dernier point, mais j'ai hâte d'arriver à l'idée-mère du libre échange qui s'est, en quelque sorte, popularisée dans nos mœurs économiques et que je tiens à combattre, dans ce qu'elle a d'absolu et d'exagéré.

LETTRE II.

Monsieur,

Pour le libre-échangiste, le globe est une espèce d'échiquier fait pour être exploité par toutes les nations en commun où chacune d'elles doit occuper la case qui convient le mieux à ses aptitudes, à ses instincts, à ses goûts spéciaux. Toute industrie contraire à cette spécialité des nations est une industrie factice, sans sève ni vigueur, qu'il faut se hâter d'extirper, comme ces fleurs des tropiques élevées et dépaysées dans nos serres chaudes, qui ne sauraient prospérer ni vivre sur un sol qui les repousse et qui ne méritent dès lors ni protection, ni faveur.

Je ne crains pas d'avancer, qu'en l'état des procédés scientifiques et du régime industriel qui ont définitivement prévalu dans notre vieille Europe, c'est là l'idée la plus fausse qu'il soit possible d'imaginer sur l'industrie en général. J'irai même jusqu'à dire, qu'à ce point de vue, la théorie du libre-échange est beaucoup plus rétrograde que le système protecteur, et que si elle venait à triompher dans le monde, elle tarirait à sa source le principe générateur de toute activité, de tout progrès et nous ramènerait inévitablement vers les conditions premières de la barbarie. Il suffit pour se convaincre que cette prétendue spécialité des nations n'est qu'un vain mot, de se rendre un compte exact des transformations immenses qu'ont subies en Europe, depuis un siècle, la navigation, le commerce et l'industrie. Il est facile de reconnaître, par l'examen comparatif de ces transformations, que loin de se réduire à un rôle unique, à une seule fonction, à un seul travail, chaque peuple tend à réunir à la fois en lui le caractère agricole, commercial, maritime, et que l'industrie européenne, surtout, loin de se spécialiser, se généralise de plus en plus, cherche à s'assimiler les mêmes agents, les mêmes produits, et à lutter avec des chances plus ou moins égales sur les marchés extérieurs, pour la vente de ces produits similaires. C'est ainsi que la Russie, l'Autriche, la Prusse, l'Allemagne, la Suisse qui, naguère encore, figuraient au dernier rang, comme puissances industrielles, ont pris tout-à-coup un essor inattendu. C'est ainsi, qu'en dehors de l'Europe, les Etats-Unis qui s'étaient presque bornés jusqu'à nos jours au rôle d'agriculteurs et de facteurs maritimes, font aujourd'hui, par leurs cotonnades, une concurrence redoutable aux Anglais.

L'exemple du Zollverein, notamment, est une preuve éclatante de cette nouvelle tendance des peuples à naturaliser chez eux le plus grand nombre de manufactures possible et à s'affranchir du tribut qu'ils payaient autrefois à quelques centres privilégiés pour leur propre consommation. On sait que la Russie a couvert d'établissements industriels tout le littoral de la mer Noire, et qu'elle cherche à nous disputer les marchés du Levant.

Si l'industrie a éprouvé dans son régime intérieur des modifications profondes, la navigation, la conquête des échanges, des débouchés, des marchés extérieurs n'ont pas subi des évolutions moins sensibles.

Tant que chaque pays s'est réduit, comme le veut le libre-échange, à un rôle spécial dans l'ensemble de la production, les débouchés étaient moins disputés et les échanges, les traités internationaux, les réductions même de tarifs, moins complexes et plus faciles. On distinguait alors, dans leurs traits les plus généraux, bien entendu, des groupes agricoles, industriels, nettement caractérisés, et des groupes de commissionnaires ou facteurs qui leur servaient de lien. Rien de plus simple que les rapports de commerce que cette répartition du travail entraînait. La différence des rôles déterminait la différence des demandes. Il se faisait en Europe un commerce assez semblable à celui qu'elle fait de nos jours avec les Etats-Unis, les régions tropicales et l'Inde.

Les choses ont bien changé depuis : non seulement, les marchés nationaux de l'Europe sont saturés de produits indigènes de toute nature, mais il s'opère encore un trop-plein, un excédant de ces produits qui doivent s'épandre au dehors pour ne pas encombrer ces marchés. C'est dans les régions les plus lointaines du globe que les peuples européens se sont donné rendez-vous; c'est là qu'ils s'observent, qu'ils s'attendent et que se prépare la lutte. Ces peuples se disputent la navigation aussi vivement que les produits et les débouchés industriels. Le besoin qu'éprouve aujourd'hui le Zollverein de se rapprocher de la Belgique et de l'Italie n'a pas d'autre motif : après avoir porté sa puissance de production à un degré remarquable d'intensité, il lui faut une marine qui lui manque pour écouler ses produits.

Autrefois, le commerce de la Baltique et de la mer du Nord était exploité par le pavillon anséatique; l'Altantique était surtout sillonné par les navires de l'Angleterre, de l'Espagne et du Portugal; la France dominait dans la Méditerranée, dans les échelles du Levant surtout ; la mer Noire appartenait à la Turquie plutôt qu'à la Russie ; la mer des Indes à l'Angleterre et à la Hollande.

Ces dominations presque exclusives des mers n'existent plus, et le partage s'en fait, chaque jour, pour chaque peuple navigateur, dans de plus larges, de plus égales proportions, et quelquefois même, aux dépens les uns des autres.

Dans la Baltique et dans la mer du Nord, les pavillons anglais, prussiens, suédois, se sont substitués aux navires anséatiques. Les Américains du Nord ont pris une large part dans la navigation sur l'Atlantique, et les pavillons allemands, le Brêmois, surtout, y ont également trouvé de nombreux éléments de transports. La Méditerranée, au lieu de passer à l'état de lac français, est devenue une mer cosmopolite où tous les peuples se rencontrent : Italiens, Anglais, Allemands, Espagnols. Le monopole de la mer des Indes est plus particulièrement affecté aux Anglais. Les Espagnols, les Hollandais ne vont guère au-delà des Philippines et du détroit de la Sonde.

Cet immense commerce de Chine auquel nous demeurons encore presque étrangers jusqu'ici, malgré l'expédition de M. Lagrénée et le célèbre traité de Whampoa, ce commerce est devenu l'apanage exclusif des pavillons anglais et américains. Chaque jour, de nouveaux compétiteurs descendent dans l'arène, et, dans la navigation, dans les échanges, comme dans l'industrie, les peuples, au lieu de se contenter d'un seul lot, de se spécialiser et de se répartir le travail, se livrent à une lutte ardente, pour remplir vaillamment plusieurs fonctions et plusieurs tâches à la fois.

Et voyez, en effet, monsieur, ce que deviendrait cette énergique impulsion que le libre concours, la lutte, la science, les découvertes, impriment au monde matériel, si nous étions refoulés en arrière vers ce système d'aptitudes spéciales faussement attribuées aux nations, et ce que ce système enfanterait de puérils résultats.

La France serait ainsi réduite à confectionner quelques articles de mode, de luxe, de fantaisie et de goût, l'Allemagne, de la quincaillerie et de la bimbeloterie, la Suisse ne serait plus qu'une ferme affectée à l'élève du bétail, à la production de quelques denrées alimentaires, la Prusse n'aurait plus que ses laines et ses lins à fournir en échange d'autres produits, la Russie, ses céréales, ses chanvres, ses fers, ses cuivres, son or, l'Autriche, ses cuirs chamoisés et ses verres coloriés, etc., etc.

La théorie des spécialités est si peu vraie au fond, que l'expérience vient, chaque jour, lui donner les plus éclatants démentis et que, dans une période moindre d'un siècle, on a vu plusieurs industries qui semblaient être l'apanage exclusif de quelques peuples, de quelques régions privilégiées, émigrer et s'implanter d'un pays dans un autre avec un incontestable succès.

Les libres échangistes pourraient-ils nous dire ce qu'est devenue, depuis l'invention de la Mull-Jenny et les découvertes d'Hargreaves, d'Arkwrigth, de Samuel Crompton et de William Kelly, cette habileté si célèbre des Indous pour la fabrication des *indiennes* , des *calicots*, des *madapolams*, des *madras* et de ces mousselines si déliées, surtout, qu'elles semblaient, dit-on, tissues d'air et s'échapper des mains de quelques fées ? Pourraient-ils nous dire ce qu'est devenue l'aptitude de la Saxe et de la Silésie pour la filature du lin et la fabrication de la toile, et, en remontant plus haut, ce que sont devenus les gros de Naples, les gros de Tours, les Florences, les velours d'Utrecht, les glaces de Venise, les lames de Damas, de Tolède, les bombasines de Marseille, les broderies en or et en argent d'Arles, les futaines et les basins de Milan, etc., etc. ?

Nous avons vu, presque de nos jours, la fabrication des étoffes en soie déserter Avignon, remonter le littoral du Rhône et venir se concentrer de plus en plus à Lyon. L'industrie est comme l'or : elle n'a ni patrie, ni préférence, ni affection; elle émigre et se fixe là où elle trouve le plus de chances de réussite et de profit.

Est-ce à dire, Monsieur, que je veuille nier le génie particulier de chaque nation, le génie de la

France, par exemple, qui est l'universalité, la perfection et la qualité dans la variété, comme celui de l'Angleterre est l'uniformité dans la quantité ? Est-ce à dire que je craigne, par exemple, que cette magnifique cité de Lyon soit un jour deshéritée de la merveilleuse industrie qui fait sa richesse et son orgueil ? A dieu ne plaise; il y a dans cette industrie comme dans notre orfèvrerie, notre horlogerie, un ensemble de traditions, une finesse de goût, un instinct d'élégance et de choix, une sûreté de tact parmi nos fabricants, une intarissable fécondité d'invention parmi nos dessinateurs, des trésors de science technique parmi nos teinturiers, une habileté de main parmi nos ouvriers, un art, enfin, et je ne sais quel reflet du génie de Jacquart qui rayonne partout dans l'ancienne métropole des Gaules, qui ne seront jamais dépassés ni même égalés par nos rivaux, et qui sont destinés sans doute à faire leur éternel désespoir. Ce que j'ai voulu montrer seulement, c'est que l'aptitude qui s'acquiert n'est pas le génie qui invente et, qu'en l'état actuel de notre industrie, à l'aide de la science, des découvertes prodigieuses qu'elle suscite, à l'aide de ces deux énergiques agents, la mécanique et la vapeur, il n'est pas d'obstacles que chaque nation ne puisse vaincre et dont l'effort continu de l'homme ne puisse venir à bout. Tout fait présumer que dans l'ordre matériel, comme dans l'ordre moral, il s'opère aujourd'hui un travail de fusion et d'emprunts réciproques qui tend à mêler et à fondre les peuples dans un type commun.

LETTRE III.

Monsieur,

Si l'on descend de la théorie du libre-échange à quelques-unes de ses applications, il est facile de se convaincre qu'elles seraient de nature à produire les plus désastreux effets sur notre avenir industriel.

Vous vous souvenez, Monsieur, de l'immense cri de détresse qui retentit, en 1846, d'une extrémité de la France à l'autre, au sujet du déplorable état de notre marine marchande, de la part insignifiante faite à notre pavillon dans la navigation internationale et de la concurrence ruineuse du tiers pavillon. J'apportais alors mon modeste tribut de documents et de recherches à l'œuvre commune d'enquête qui se poursuivait à Paris, pour éclairer la commission saisie d'un projet de loi relatif à la révision des tarifs.

Le libre-échange qui était, à cette époque, dans toute la ferveur de son apostolat et tout affolé des doctrines de Cobden et des réformes douanières de Robert Peel, ayant à s'occuper de cette pénurie de notre mobilier naval, eut bientôt imaginé, avec cette facilité et cette franchise d'allures qui le caractérisent, un topique bien simple pour y remédier. Il proposa de rayer de notre acte de navigation de 1793 la disposition qui défend d'acheter le navire à l'étranger et d'exproprier nos armateurs, par voie de compensation et pour cause d'utilité publique. Il avait invoqué à l'appui de cet étrange palliatif l'exemple donné par Colbert.

Je m'abritai moi-même de ce grand nom dans le journal *la Flotte*, pour combattre énergiquement la mesure proposée par le libre-échange. J'essayai de démontrer qu'elle était destructive du chantier national, que ce chantier, à cause du nombre considérable d'ouvriers qu'il alimente, valait bien la peine qu'on ne le sacrifiât point ainsi à la légère, que des travaux de réparation n'équivaudraient jamais à des travaux de construction, qu'il fallait bien se garder de se rendre tributaire de l'étranger pour des constructions maritimes, que cet art ne s'apprend point et ne s'improvise point en un jour et, qu'en définitive, un cas de guerre se réalisant, détruire le chantier national, c'était briser une arme qu'une grande nation comme la France doit tenir toujours prête à fonctionner sous sa main. Quant à l'exemple donné par Colbert, j'assayai de prouver aussi que ce n'était là qu'une mesure transitoire, commandée par le défaut absolu de mobilier naval, que sa pensée constante était de renoncer bien vite à ce fâcheux expédient, et que jamais, à aucune époque, aucun ministre en France n'avait entouré le chantier d'une plus vive sollicitude, ne lui avait prodigué plus d''encouragements, de protection, de priviléges, d'immunités, pour le tirer de son état d'inertie et lui imprimer un énergique essor.

Le libre-échange méridional prit feu. Le *Courrier de Marseille* descendit dans l'arène, la dague au poing, et fit pleuvoir sur moi ses traits les plus acerbes et les plus acérés. Depuis, le libre-échange ne s'est pas regardé comme battu sur ce terrain. Tout récemment encore, lorsqu'il s'est agi de cette grande création de paquebots transatlantiques, qui se fait attendre depuis plus de dix années, il a été de nouveau sérieusement proposé par l'un des champions les plus éminents du *free-trade*, M. Lavollée, de se procurer à l'étranger la moitié des 19 ou 20 paquebots qu'il estime nécessaires à la navigation transatlantique, sous le prétexte que la construction des navires coûte plus cher en France qu'à l'étranger, et que nos chantiers et nos ateliers ne sont pas suffisamment outillés aujourd'hui pour répondre à de pareils besoins. On dépouillerait ainsi nos chantiers, au profit de ceux de l'étranger, d'un magnifique lot, d'un aliment précieux de travail et de la circonstance unique qui se présente pour les compléter, les agrandir et les élever à de plus hautes proportions.

Je ne suis pas plus converti que le libre-échange depuis 1846, et dussé-je m'exposer à m'attirer encore ses foudres d'excommunication, je demanderai au Creuzot un nouvel argument à l'appui des principes que j'ai déjà soutenus, et je choisirai mon exemple dans ce qui se passe en quelque sorte sous nos yeux et dans ce qui touche de plus près aux intérêts intimes de Lyon, dont vous êtes, Monsieur, l'un des meilleurs juges.

En 1839, 28 bateaux à vapeur sillonnaient le littoral du Rhône, tous munis de machines fabriquées par les plus habiles constructeurs de l'Angleterre. Les meilleurs de ces appareils remontaient d'Arles à Lyon en 42 et 45 heures, avec 60 ou 80 tonnes de marchandises. Ces moteurs avaient de l'analogie avec ceux qu'employaient nos voisins pour leur service maritime. Le Creuzot, ayant à cette époque à construire des bateaux du même genre, modifia toutes les idées reçues pour les approprier aux convenances d'une navigation fluviale. Ces premiers bateaux, de création française, transportèrent d'Arles à Lyon 150 tonneaux en 40 heures, puis, par des perfectionnements successifs, tels que l'hélice, les chaudières tubulaires, la transmission directe, la grande vitesse et longue course du piston, etc., etc., le Creuzot est arrivé à fournir des bateaux qui remontent aujourd'hui de 300 à 500 tonneaux eu 36 heures, sans que le tirant d'eau primitif soit dépassé et sans que les frais et dépenses affectés à un voyage complet soient plus sensiblement élevés pour les nouveaux bateaux d'origine française que pour ceux d'origine anglaise.

Quant aux prix, les bateaux complets, coques, machines, armements, ameublement et agrès, calculés par force de cheval, ne coûtent guère plus cher aujourd'hui que les moteurs seuls pris autrefois dans l'atelier, en Angleterre.

C'est ainsi que l'on est parvenu en France, où le charbon est bien plus cher que chez nos voisins, à faire des moteurs qui consomment, en moyenne, un tiers de moins que les moteurs Anglais.

Vous voyez, Monsieur, que les ateliers ne nous

manquent point, qu'à force de procédés ingénieux et d'invention, on parvient même à vaincre l'insuffisance de la matière première, et à compenser, par une consommation moindre, le prix plus élevé du combustible.

Faut-il citer un autre exemple, emprunté à la navigation maritime, de cette facilité du chantier national à regagner le terrain qu'il a perdu, et à lutter bientôt avec avantage contre ses rivaux?

Tandis que, d'une part, la loi du 6 mai 1841 admettait en franchise de tous droits les machines à vapeur de fabrication étrangère employées sur des navires français, et destinées à la navigation internationale maritime, d'autre part, cette même loi, combinée avec celle du 11 juin 1845, accordait une prime aux machines à vapeur de construction française affectées au même genre de navigation. Qu'en est-il résulté? C'est que les machines à vapeur que l'on emploie à la navigation sont presque toutes aujourd'hui de construction française, et qu'elles ne coûtent pas plus cher que celles qu'on empruntait, naguère encore, à l'étranger.

En 1841, nous étions obligés de demander aux Anglais des mécaniciens et des chauffeurs ; on n'admet plus aujourd'hui, à bord des paquebots français, que des nationaux qui remplissent parfaitement cette double fonction. C'est là le vrai système, l'idée féconde que Colbert s'efforçait d'appliquer à la marine à voiles.

Vous savez, monsieur, que lorsqu'il a fallu adapter l'hélice à un bâtiment et la placer au-dessous de la ligne de flottaison, c'est à la France que revient l'honneur de cette précieuse découverte, que les Anglais n'ont fait que l'appliquer sur une plus large échelle et que la patrie de l'immortel Papin n'a rien à envier à celle de Watt. Partout, dans le monde matériel, comme dans le monde moral, la France est toujours la sentinelle avancée du progrès et marche à la tête de la civilisation.

Il y a donc un avantage immense pour un grand pays, comme le nôtre, à ce que de vastes ateliers de constructions maritimes soient répartis sur son sol, où s'élaborent les idées pratiques, où se forment des groupes d'ingénieurs et d'ouvriers pour répandre l'emploi des agents mécaniques, les diriger, les approprier, suivant les nécessités de notre littoral et l'économie de nos forces productives. On ne comprend point, qu'en présence de pareils résultats, on propose encore de déshériter le chantier national et d'acheter le paquebot à l'étranger.

Ce qui manque à nos ateliers de constructions maritimes, ce sont des commandes suffisantes pour les alimenter et provoquer de grandes associations de capitaux. Il existe à Lyon même, un établissement de ce genre qui, paralysé par la crise de février, n'attend que des circonstances plus favorables pour sortir de son état d'inertie et reprendre un nouvel essor. Vous n'ignorez pas, Monsieur, à quel degré d'activité et de prospérité se sont élevés les immenses établissements de la Compagnie Générale de la Navigation à hélice de MM. Léon Gay et Compagnie et de M. Taylor, à

Marseille, de MM. Schneider au Creuzot, Bénet, à La Ciotat; Hallette, à Arras, Kœklin, à Mulhouse, Cavé, à Paris. Encore quelques années de sécurité comme celles dont nous jouissons aujourd'hui, et la France n'aura bientôt plus rien à envier, sous ce rapport, à son habile rivale l'Angleterre.

Ceci m'amène tout naturellement à tracer un rapide aperçu des forces productives de la France et formera l'objet de la quatrième lettre que j'aurai l'honneur de vous adresser.

L'Agriculture.

LETTRE IV.

Quels que soient, Monsieur, les merveilleux progrès que l'industrie ait accomplis en France, l'agriculture y tient toujours le premier rang. Un pays qui possède sur 53 millions, 40 ou 42 millions d'hectares de terres productives, presque le double en superficie du sol des îles Britanniques, et une population agricole de 30 millions, se rattache à l'agriculture par les liens les plus étroits et les intérêts les plus directs. Tandis que la Grande-Bretagne ne compte guère plus de 600 mille propriétaires terriens, la France en compte six millions au moins, en réduisant à sa juste valeur le chiffre si connu des onze millions et demi de cotes foncières. On a constaté que le revenu net de la terre cultivable en France, s'élevant à deux milliards cinquante millions capitalisés à 3 p. 0|0, et le revenu net de la propriété bâtie s'élevant à 750 millions, capitalisés à 5 p. 0|0, donnent un revenu total des immeubles de deux milliards 800 millions. Suivant ce calcul, la richesse immobilière de notre pays serait représentée par le chiffre énorme de soixante et treize milliards 574 millions.

Il est vrai de dire que la France est, de tous les pays civilisés, celui dont la dette hypothécaire est la plus forte. On s'accorde généralement à l'estimer à dix milliards (1), presque le double

---

(1) Nous savons que ce chiffre a été contesté, notamment par M. Chégaray qui l'a réduit à huit milliards. Nous avons dû nous arrêter à celui qui est le plus généralement admis, défalcation faite des dettes éteintes dont la radiation n'a pas été opérée, des inscriptions qui font double emploi, des hypothèques judiciaires et éventuelles.

de la dette de l'Etat en capital. En ajoutant l'intérêt de ces dix milliards, 620 millions, aux 298 millions provenant de l'impôt des contributions foncières et des portes et fenêtres, ce qui forme un total de 918 millions, on arrive à cet affligeant résultat, que la propriété foncière doit plus de la septième partie de son capital, et qu'elle est réduite à solder annuellement, tant pour l'intérêt des sommes dues à ses créanciers, que pour les impôts directs, près du tiers de son revenu net.

A ce point de vue, c'est là sans doute un triste bilan et l'on peut affirmer que dans aucune autre région de l'Europe, la propriété immobilière n'est grevée de charges aussi lourdes qu'en France. Mais vous savez, Monsieur, que le Crédit foncier est appelé dans un avenir plus ou moins éloigné à convertir la dette hypothécaire qui pèse si rudement sur notre territoire, et qu'avec les avantages immenses faits au propriétaire emprunteur, avec un crédit réduit de 3 pour 0/0, au moins, avec la puissance progressive de l'amortissement, qui peut, comme en Allemagne, laisser au débiteur l'éventualité de se libérer du capital de sa dette, en 27 annés au lieu de 40, aux prêteurs la possibilité de réduire encore le taux de l'intérêt, il est permis d'espérer un emploi plus général du fermage, des baux à long terme, un surcroit d'activité dans nos travaux agricoles et une exploitation mieux entendue de l'inépuisable fécondité de notre sol.

Vous savez, en outre, Monsieur, qu'en autorisant les communes à emprunter, pour un terme de 50 années, au lieu de 10, de reporter ainsi les charges du présent sur l'avenir et d'amortir le montant de leurs dettes, elles seront bientôt en mesure de réaliser de nombreuses améliorations, dans la viabilité surtout, ou de réduire à leur gré le chiffre des centimes additionnels.

Du reste, pour peu qu'on se rejette d'un siècle en arrière du nôtre, on se rassure bientôt en mesurant l'énorme distance qui sépare l'état actuel de notre agriculture de l'état déplorable où elle languissait en 1750. Tandis qu'à cette époque, elle nourrissait à peine 18 millions de populations, le plus souvent décimées par d'affreuses crises de disette et de famine, elle en nourrit aujourd'hui 36 millions dans des conditions relatives d'abondance. Sous Louis XIV, à la fin de la guerre de la succession, beaucoup de champs ruinés par l'impôt étaient abandonnés. Vauban nous a laissé les tableaux les plus douloureux de populations entières fuyant et allant mourir de faim d'une province dans une autre. Nous n'avons pas vu de pareils exemples un seule fois, même à la fin des longues guerres de l'Empire.

Ces fléaux ont été complètement neutralisés par la variété des cultures et les perfectionnements agricoles. Depuis lors, la production du froment a presque triplé. Evaluée, en 1791, à 47 millions d'hectolitres, ce qui donnait, déduction faite des semences, pour chaque habitant, un hectolitre 65 centilitres, elle s'est élevée, en 1840, à 70 millions d'hectolitres, et, par individu, à 2 hectolitres. La masse des subsistances s'est accrue dans une proportion plus rapide que la population, et ce terrible anathème de Malthus, qui condamnait cette dernière à suivre une progression géométrique, tandis que l'accroissement des subsistances n'affecterait qu'une progression arithmétique, a cessé d'inspirer des craintes sérieuses.

La pomme de terre, qui n'était point cultivée en 1750 et fort dédaignée encore vers la fin du dernier siècle, plusieurs variétés nouvelles de légumes secs, de racines inconnues ou négligées jusqu'ici, figurent aujourd'hui pour une somme considérable dans l'ensemble de nos denrées alimentaires, et pourraient, au besoin, dans un cas de pénurie, fournir d'utiles compléments. La production de l'avoine a quadruplé ; on estime à 150 millions d'hectolitres la masse de grains de toute nature produits en France : froment, seigle, orge, avoine, sarrazin, destinés à la semence et à la consommation des hommes et du bétail, chiffre qui dépasse les 120 millions d'hectolitres de blé jugés aujourd'hui nécessaires à la consommation du pays.

Le nombre total des têtes bovines est monté de cinq millions à 10 millions, celui des têtes ovines, de 18 millions à 35 millions. Rien de plus connu que notre superbe race de mérinos, originaire d'Espagne, que Louis XVI naturalisa dans sa ferme de Rambouillet et qui s'est améliorée depuis à tel point, qu'un bélier de cette ferme fut vendu, en 1825, jusqu'au prix extraordinaire de 3,870 fr. Le seul produit des œufs est monté à 100 millions, et celui des volailles de toute espèce à une somme équivalente. La récolte du vin que Beausobre évaluait, en 1764, à 13 millions d'hectolitres, atteint aujourd'hui un chiffre qui n'est pas moindre de trente-neuf millions. Somme toute, en estimant les prix d'alors aux prix de notre temps, on trouve tout au plus une valeur de 1250 millions, pour la production totale de l'agriculture française, en 1750. La valeur annuelle de cette même production, en réparant autant que possible les omissions de la statistique officielle et en ramenant les prix à la moyenne des années antérieures à 1848, s'élève approximativement aujourd'hui à 5 milliards, environ. Ce résultat donne en moyenne, déduction faite de 3 millions d'hectares occupés par les chemins, les rivières, les villes, etc... un produit brut de f. 100, par hectare, terrains incultes et terrains cultivés, non compris.

Quant à la valeur vénale de la propriété, une terre qui valait f. 200 mille, en 1789, en vaut aujourd'hui 500 mille, au moins, dans le voisinage des grands centres. Quant à la rente ou revenu net du capital foncier, déduction faite de tous revenus du capital d'exploitation, de tout profit et de tout salaire, elle est descendue, dans la même période, de 4 1|2 pour 0|0 à 3 1|2 et 2 1|2, suivant la différence des zones ; on l'évalue aujourd'hui, en moyenne, à f. 30 par hectare, soit 1,500 millions pour nos 50 millions d'hectares cultivés ou non.

Enfin, pour ce qui touche au salaire du cultivateur, on est parvenu à constater cette admirable loi de la Providence qui veut que plus l'homme arrose la terre de ses sueurs, plus cette terre est fertile et cultivée, mieux elle répond à l'ardeur de ses étreintes et plus la rente du propriétaire diminue. Et, en effet, tandis que la rente, aux environs de Paris, dans les grasses provinces de la Flandre, de la Normandie, de la Picardie, rapporte à peine 2 1|2 p. 0|0 ; dans les provinces moins riches et moins bien cultivées du centre, du Midi, dans la Creuse, la Haute-Vienne, la Corrèze, les Bouches-du-Rhône, elle s'élève jusqu'à 3 1|2, quelquefois même jusqu'à 4 p. 0|0; c'est en sens inverse que se fait la progression des salaires de l'ouvrier. Tandis que ce salaire est de 75 centimes en moyenne, dans les zones où la rente est représentée par 3 et 1|2, il s'élève successivement jusqu'à 1 fr. 25 c., 1 fr. 75 c., et même jusqu'à 2 fr. dans le Médoc et dans le voisinage de Paris, où la rente n'est plus représentée que par 2 1|2 p. 0|0. La raison en est, que la surface de la terre étant beaucoup moins que les capitaux accumulés sur elle la cause de sa valeur, elle diminue de loyer à mesure que les capitaux eux-mêmes produisent un intérêt moindre. C'est ainsi que le crédit foncier, en réduisant l'intérêt du prêt hypothécaire, doit avoir, pour inévitable résultat, de faire refluer vers le sol une plus grande masse de capitaux, d'en accroître la valeur vénale, de réduire encore le produit net de la rente et d'augmenter le salaire de l'ouvrier.

Sans doute, notre agriculture est bien loin encore de celle de la Grande-Bretagne qui, malgré l'énorme infériorité en étendue de son territoire et de sa population, offre une production totale de 4 milliards, à côté de nos 5 milliards, et qui, à surface égale, comme l'Angleterre proprement dite, donne des produits doubles des nôtres; mais, en comparant notre état agricole d'aujourd'hui à ce qu'il était, il y a moins d'un siècle et d'un demi-siècle même, il est impossible de n'être pas frappé d'un immense progrès. Le produit brut de l'hectare que nous avons estimé à 100 fr. en moyenne, s'élève à 200 fr. dans les départements du Pas-de-Calais, de la Somme, de l'Oise, de Seine-et-Oise, de la Seine-Inférieure, et jusqu'à 300 fr. dans le département du Nord. On le voit monter successivement jusqu'à 1,000, 2,000 et 3,000 fr. et au-delà, dans cette région méridionale si favorisée du ciel et si bien faite pour prospérer, dans les environs d'Orange, d'Avignon, dans nos jardins, nos vignobles de Cognac et du Bordelais.

Vous n'ignorez point, Monsieur, que la classification des terres établies par le cadastre ne répond plus aux faits accomplis et que bien des terrains improductifs autrefois, comme une partie du delta de la Camargue, ont été transformés en fonds de première qualité.

L'une des contrées que nous avons signalée comme la moins fertile de la France, le Limousin, par exemple, beaucoup trop dédaigné par M. Lavergne, dans ses remarquables travaux d'économie rurale, est sur le point de voir la plus grande partie de son sol humide et granitique entièrement renouvelée, ameublie et réchauffée par l'action énergique du chaulage, du marnage et de l'appareil ingénieux à drainer; des fours à chaux s'y dressent sur tous les points et des gîtes de marne, récemment découverts et utilisés, y ont déjà produit les plus magnifiques rendements : la rave, le turneps ou navet s'y étalent dans des proportions non moins larges que dans le Royaume-Uni.

Une application plus générale de l'assolement quadriennal de Norfolk, l'extension des prairies artificielles, des plantes fourragères, des graines oléagineuses, l'amélioration des engrais, l'emploi de nouvelles méthodes et de nouveaux amendements, les soins consacrés à l'élève et à l'engraissement du bétail, une plus habile entente du croisement des races et, par-dessus tout, une affluence plus considérable de capitaux, nous donnent la mesure des prospérités que nous ménage l'avenir.

Une terre généreuse, accidentée comme celle de la France, qui réunit aux productions communes à la plupart des contrées de l'Europe, l'olivier, le mûrier, l'amandier, la vigne, l'oranger, la garance, le tabac, le colza, qui se couronne des fruits les plus savoureux et se pare des plus ravissantes fleurs, est une terre de promission et de prédilection qui ne demande qu'un peu d'air et de calme pour lever et s'épanouir au soleil.

L'Industrie.

LETTRE V.

Monsieur,

Si de l'agriculture nous passons à l'industrie, l'état comparatif des forces productives de la France atteste une bien plus rapide progression.

La production de la houille, qu'on a si justement appelée le pain de l'industrie, le principe générateur de la force motrice, l'arme offensive et défensive de la guerre et de la paix, cette production, qui n'était que de 13 millions de quintaux métriques en 1824, s'est successivement élevée à 44 millions de quintaux en 1847, c'est-à-dire qu'elle a plus que triplé dans une période de 23 années. On compte en France aujourd'hui 453,000 hectares de terrains concédés qui renferment 268 mines en pleine exploitation. Les massifs, dont l'existence est démontrée, dans le seul bassin de la Loire, contiennent plus de deux milliards et demi d'hectolitres du précieux combustible, et il est permis de conjecturer la présence d'une autre masse de charbon non moins considérable.

Dans ce bassin du Forez où tout est de création nouvelle, le développement donné à l'exploitation de la richesse minérale du sol remonte à peine au-delà d'une trentaine d'années. Les extractions qui ont dépassé 15 millions de quintaux métriques en 1847, n'arrivaient pas à quatre millions en 1820. Ce bassin, qui n'a que 22,000 hectares de superficie, est devenu le plus productif de tous les autres bassins de la France. Il se divise en zones de Saint-Etienne, de Rive-de-Gier et de Saint-Chamond. Soixante-deux concessions, d'une étendue et d'une fécondité fort inégales, se partagent l'étendue de ce gîte. Trente-deux de ces concessions, les plus riches et les mieux situées, appartiennent à la fameuse Compagnie des mines de la Loire qui, lors de sa formation, donna lien dans la presse à une ardente polémique, et qui est encore dans le pays l'objet des plus vives discussions. Née à Rive-de-Gier où elle a bientôt pris des proportions considérables, cette association a complété son réseau, en 1845, en s'adjoignant une autre compagnie créée dans le bassin supérieur sous le nom de Société des mines de Saint-Etienne. Les puits des houillères de Rive-de-Gier n'ont pas moins de 200 à 400 mètres de profondeur. Le plus profond de tous, celui du Plat-de-Gier, situé entre la Grande-Croix et St-Chamond, atteint jusqu'à 560 mètres.

Vous savez, Monsieur, que le charbon de forge de St-Etienne est le plus renommé du monde, et que la concession de la Ricamarie, qui se rattache au même réseau, renferme des houilles à gaz les plus recherchées pour les usines d'éclairage de Lyon et d'une partie des villes du midi; la variété appelée charbon de grille, qui convient au foyer des chaudières à vapeur et aux usages domestiques, est plus spéciale au rayon de Rive-de-Gier. La valeur des produits annuels de l'industrie extractive dans la Loire est de 15 à 17 millions. Ce chiffre forme à peu près le sixième de la production totale du réseau industriel de St-Etienne, estimée à 110 ou 120 millions, dont 55 ou 60 reviennent à la rubanerie et à la passementerie, et 40 ou 41 aux industries du fer et des verreries.

Dans cette même période de vingt années, la production générale de la fonte en France est montée de deux millions de quintaux métriques à plus de 4 millions; celle du gros fer, d'un million 400 mille à plus de 3 millions; celle des aciers bruts, naturels, cémentés ou fondus, de 45 mille quintaux métriques à 110 mille; c'est-à-dire que la production métallurgique a plus que doublé dans ses différentes branches de fabrication.

Tandis qu'en 1844, on ne comptait que 38 hauts fourneaux, en deux années il en a été établi 61 de plus. A cette marche progressive de la production du fer correspond un accroissement proportionnel dans ses annexes, la quincaillerie, la coutellerie, etc., etc.

La production manufacturière emprunte aujourd'hui à la mécanique et à la vapeur une force onze fois aussi considérable qu'il y a vingt ans. Tandis qu'en 1824, la France ne possédait que 255 machines à vapeur d'une force totale de 4,058 chevaux, elle en comptait en 1844, non compris les machines locomotives et les machines employées à la navigation, 3,645 d'une force totale de 45,780 chevaux.

Les produits chimiques sont en voie constante de progrès : les importations du soufre, base essentielle d'un grand nombre de ces produits, se sont élevées de 11 millions de kilogrammes en moyenne à 21 millions en 1845 ; la production de la céruse, l'une des substances les plus employées, a été portée d'un million de kilogrammes en 1825 à 4 millions et demi en 1845; c'est-à-dire qu'elle a plus que quadruplé.

A Lyon, où l'industrie chimique se développe sur une si large échelle, la consommation annuelle de l'acide sulfurique qui n'était que de six mille quintaux métriques en 1840, s'est successivement élevée à cinquante mille quintaux en 1852. Cette énorme quantité d'acide est absorbée par la teinturerie, par de nombreuses fabriques de bougies stéariques, de phosphore, d'alun, de sulfates métalliques, de carmin d'indigo, d'alcalis, de fers galvanisés et d'épuration d'huiles.

La filature mécanique du lin, qui ne date guère que de 1837, compte aujourd'hui plus de 240,000 broches. Depuis trois années, seulement, elle a plus que triplé ses produits et met actuellement en œuvre plus de vingt-cinq millions de kilogrammes de chanvre et de lin teillé. L'industrie de la laine peignée ne s'est pas moins étendue depuis quinze ans et a donné naissance à une nouvelle classe de tissus mêlés de soie, pour meubles et vêtements.

L'immense industrie du coton qui n'employait que vingt-quatre millions de kilogrammes de matière première en 1825, en a employé soixante-dix millions en 1852.

On compte, depuis le 2 décembre 1851, environ cinq cent mille broches construites, ou en construction, qui doivent absorber, indépendamment du capital de roulement, pour leur construction seule, un capital de vingt-cinq millions.

J'arrive enfin, à l'industrie de la soie qui vous intéresse à un si haut degré et sur laquelle vous me permettrez d'insister un peu plus longuement.

L'industrie de la soie touche en même temps à l'agriculture, par l'élève du ver-à-soie, à l'industrie proprement dite, par la filature, le moulinage et le tissage, et aux beaux arts, par ces dessins d'un goût si pur et d'une si grande richesse de couleurs, qu'ils ont fait l'étonnement et l'admiration du Palais de Cristal.

La France produit chaque année cent millions de soies grèges ou ouvrées, sans rivales dans le monde. Vous savez, que les plus estimées sur le marché de Lyon sont celles de l'Ardèche, des Cévennes, de la Drôme, de Vaucluse, des Bouches-du-Rhône, des Basses-Alpes, etc., etc.;

elle en achète encore pour cinquante ou soixante millions à l'étranger qu'elle tire, surtout, du Piémont, du royaume de Naples, de la Sicile, des échelles du Levant, Brousse, Beyruth, et du Bengale.

La fabrication des étoffes de soie pure et de celles où la soie domine occupe en France cent trente mille métiers environ et quatre cent mille ouvriers. La valeur des produits manufacturés qui n'était, en 1841, que de cent soixante-deux millions, s'est successivement élevée, en 1852, jusqu'à trois cent soixante millions, en sorte que la manufacture double et au-delà, par la main d'œuvre, la valeur de la matière première.

Lyon contribue à cette valeur pour la somme énorme de 180 à 200 millions, et sur 130 mille métiers elle en occupe 80,000 au moins, dont 35 mille dans l'intérieur même de la ville et des communes suburbaines, de la Croix-Rousse, de la Guillotière et de Vaise agglomérées, et le reste dans les départements circonvoisins, en sorte que l'on peut regarder la cité lyonnaise comme la vraie métropole des soieries. Nos fabriques exportent environ 200 millions de leurs produits, et placent les autres 160 millions sur le marché national. Les trois cinquièmes de la fabrication lyonnaise s'écoulent au dehors. Cette fabrication trouve ainsi à l'extérieur son marché le plus important. Ces principaux débouchés sont : les Etats-Unis, l'Angleterre, les Etats d'Allemagne compris dans le Zollwerein, la Belgique, l'Espagne, la Russie, l'Italie, la Turquie, le Mexique et le Brésil.

C'est à Lyon que se réalise le mieux cette étroite solidarité, qui lie le sort de l'industrie à celui de l'agriculture, de la navigation, des finances même, et du commerce extérieur.

Une abondance ou un défaut de récolte, une crise financière en Amérique, une augmentation imprévue dans le taux du fret, un mouvement plus ou moins actif dans les échanges, une concurrence nouvelle qui surgit, une mode qui succède à l'autre, les accidents de la fantaisie, du caprice et du goût sont tout autant de causes qui ralentissent ou surexcitent les forces de la production. Nulle part, on ne sent mieux combien les divers agents qui concourent à cette production sont soumis à une dépendance réciproque.

Je vous ai déjà entretenu, Monsieur, de cette tendance nouvelle des peuples à s'approprier tous les genres d'industrie. J'en trouve encore une preuve dans la fabrication de la soie. Une lutte très ardente s'est organisée au dehors pour nous disputer cette fabrication qui, de temps immémorial semblait devoir rester presque notre apanage exclusif. On ne compte pas moins aujourd'hui de 230 mille métiers en Europe qui fabriquent la soie. Les rubans en velours de la Prusse, de Crevelt et d'Eberfeldt viennent concourir sur les marchés extérieurs avec les rubans de Saint-Etienne. La Suisse y exporte ses florentines et ses petits taffetas de Zurich, la Savoie ses étoffes unies de Faverges, et l'Angleterre ses soieries diverses de Spitalfields, Macclesfield, Paisley, Coventry, Derby et Manchester. Il n'est pas jusqu'à la Russie et l'Autriche qui ne soient descendues dans l'arène avec succès. L'Amérique elle-même, avec les soies qu'elle tire de la Chine et du Bengale, en échange de ses cotonnades, cherche à s'assimiler et à manufacturer ce précieux produit.

Pour quiconque observe attentivement la marche de l'industrie, il est facile de reconnaître qu'il s'opère dans ce genre de fabrication, comme dans tous les autres, une transition latente dont on ne peut prévoir ni préciser encore les résultats: je veux parler des métiers mécaniques qui fonctionnent à la vapeur ou à l'eau. Partout on rencontre ces deux forces conquises sur la nature, qui viennent de plus en plus envahir le domaine de l'industrie, lui imprimer une impulsion uniforme, et se substituer à la force humaine, dans la plupart des travaux du monde matériel. Les rapides progrès que l'Angleterre a réalisés dans la fabrication des soieries inférieures sont dus à l'emploi de ces nouveaux agents. L'un des plus habiles appréciateurs de l'industrie britannique, M. Arlès Dufour, en portait déjà le nombre, en 1835, à 3,700.

Nul doute que ce nombre ne se soit bien accru depuis, et qu'avec cette persévérance et ce dédain des obstacles qui sont les traits distinctifs de son génie, l'Angleterre ne parvienne à les perfectionner et à en obtenir de meilleurs résultats. La lice est immense.

Appelée à d'infaillibles succès, par la transition qui s'opère avec une mesure progressive et une sage sobriété, la mécanique a été d'abord appliquée aux étoffes les plus communes, aux taffetas unis, à celles qui sont teintes après la fabrication; puis on a employé des fils teints à l'avance, mais seulement pour des tissus peu serrés auxquels un apprêt était ensuite nécessaire; maintenant, la machine s'empare des étoffes les plus compactes et les plus réduites.

Du reste, la cité lyonnaise et les départements qui l'avoisinent ne sont pas restés en arrière de ce mouvement. Dans l'Isère, un très-bel atelier de crêpes, appartenant à MM. Schomer et Montessuy, réunit 400 métiers qui fonctionnent par un moteur hydraulique. Dans la Loire, à Bourg-Argental, le même moteur s'adapte aux taffetas unis. A Saint-Etienne, il pénètre dans l'industrie des rubans. On compte encore plusieurs autres ateliers du même genre à Annonnay, dans la banlieue de Lyon, à Vaise, Oullins, et vous n'ignorez point, qu'à Lyon même, plusieurs ateliers de velours à la mécanique produisent deux pièces à la fois, par l'ingénieux procédé Jeannin.

Quelques personnes pensent que la mécanique finira par envahir les étoffes façonnées et il est vrai de dire que lorsqu'on voit, en Amérique, à quelques lieues de Boston, dans la petite ville de Lowell si célèbre par ses manufactures, la navette soulevée et lancée par la vapeur venir à son tour et à son rang créer, comme par un instinct magique, les fleurs et les ornements les plus variés d'un tapis, on peut s'attendre à tout de la part de cet invincible levier. Mais encore une fois, est-ce un motif pour craindre les effets de la concurrence, en ce qui tient surtout à nos étoffes façonnées? Non, Monsieur, non. La mécanique n'a point détrôné le point d'Angleterre, la dentelle de Valenciennes et de Malines, le daguerréotype ne détrônera point Claude Lorrain. La mécanique, lorsqu'elle se prend aux objets de luxe et de goût, n'a pour résultat que de vulgariser en quelque sorte ces objets, de les mettre à la portée de chacun. Elle imite, calque, copie, mais elle n'invente pas. Elle a l'infirmité de tout ce qui n'est que matériel et n'émane point des facultés libres de l'esprit. Elle est à l'industrie de quelques tissus privilégiés, le cachemire, la guipure, ce que Ruolz est à l'orfèvrerie.

Le fait capital de l'industrie moderne, c'est le produit inférieur et à bon marché, c'est l'appropriation, pour chaque peuple, de toutes les forces naturelles. L'air, l'eau, le soleil, le feu, les gaz, l'électricité, les produits chimiques, appartiennent à tout le monde. Nul ne peut en revendiquer le patrimoine exclusif, chacun peut en faire des applications diverses, en cultiver et féconder le champ à l'infini, en prendre une égale part, et c'est là ce que j'entends par cette nouvelle aptitude des peuples à ne laisser aucune des ressources de leur puissance physique se perdre et s'absorber en elles-mêmes sans utilité et sans emploi.

Ce qui ne s'apprend point, ce que tous les peuples ne peuvent et ne savent pas faire également, ce qu'ils ne sauraient s'assimiler ni conquérir dans une égale proportion, c'est l'art. Je dirais presque qu'il en est de certains produits de l'industrie, comme de ceux de la littérature, de la peinture, de la musique, de toutes les inventions de l'esprit humain. Pour les unes comme pour les autres, il y a les produits inférieurs, les produits moyens, les produits supérieurs.

Nous possédons, à Lyon, toute une école de dessinateurs, d'où sortent de grands maîtres en peinture, comme M. de Saint-Jean, des teinturiers qui valent des savants, comme M. Guimet, des arbitres suprêmes de la mode, de l'élégance, du goût qu'on n'imite point, et voilà pourquoi notre industrie de luxe ne sera point détrônée par la mécanique et n'aura jamais de rivale au monde. Mais si nous avons, dans quelques œuvres de notre industrie, tous les priviléges de l'art, la perfection, le fini, l'exquise pureté dans la forme qui leur assurent la prééminence sur nos compétiteurs, nous en avons aussi l'inconvénient très réel : une certaine cherté relative, une grande valeur sous le plus mince volume, une consommation restreinte qui ne peut dépasser les limites de ces régions opulentes de la société qui l'encouragent. Ce qui se vend et s'achète le plus en industrie, en littérature, c'est le produit commun. Un livre d'instruction élémentaire, par exemple, a cent fois plus de ce genre de succès que les œuvres de Montesquieu, et les *Lettres persanes* elles-mêmes qui ne valaient pas l'*Esprit des Lois*, circulérent de main en main avec une prodigieuse rapidité, et durent, sans doute, flatter beaucoup plus l'amour-propre de leur auteur que ses plus savantes combinaisons.

Pour descendre de Montesquieu au sujet tout vulgaire qui nous occupe, il faut bien en convenir, Monsieur, cette vile cotonnade que nous méprisons a valu presque aux Anglais la conquête des Indes, et vaudra bien certainement encore à ces intrépides pionniers, les Américains, la conquête commerciale des immenses marchés de la Chine.

Aussi, dans l'intérêt de la cité lyonnaise, peut-on lui souhaiter, qu'à côté de cette riche fabrication d'étoffes façonnées qui, malgré la concurrence, restera toujours son privilége exclusif, l'industrie plus modeste et plus stable des étoffes unies à la mécanique se développe dans un plus large rayon ; le produit commun et à bon marché est devenu l'éclaireur, l'auxiliaire obligé du produit de luxe. Du reste, le travail à domicile ne parait rien avoir à craindre de cette transition. L'aptitude du tisseur lyonnais ne se borne plus, comme autrefois, à un seul genre de travail; il passe de l'un à l'autre avec un égal succès. On a remarqué, en outre, que depuis les deux révolutions de juillet et de février, l'étoffe unie émigre de plus en plus à la campagne et dans les départements voisins où la vie animale et la main-d'œuvre sont à bien meilleur marché.

Quant à ces détracteurs attardés des nouveaux procédés mécaniques, qui regardent ces procédés comme la cause principale du paupérisme, et poussent l'aveugle préjugé jusqu à croire que, sans machines, un plus grand nombre de bras aurait été employé à la fabrication, je me contenterai de leur opposer le résultat suivant qui me paraît bien avoir quelque valeur.

Sur 600 mille ouvriers employés aujourd'hui à la filature mécanique du coton, 150 mille produisent autant de fils qu'en auraient pu produire 40 millions avec l'ancien système du rouet à filer. Un seul de ces ouvriers produit, en un jour, autant qu'il aurait pu produire en une année, vers le dernier siècle. On a constaté que ce qu'on fabrique annuellement de cotonnades à Lowell, pourrait former une bande d'un mètre de largeur, qui ferait deux fois le tour du globe; une pareille production, en réduisant les prix de moitié au moins, a centuplé la demande et les besoins de la consommation. Il est vrai de dire que lorsqu'on a fabriqué cinq fois plus de coton, on n'a pas employé cinq fois plus d'ouvriers. L'augmentation des bras a été presque insensible, les machines ont joué le rôle de la force musculaire et l'ouvrier a été généralement appelé à un travail plus élevé et moins matériel.

C'est ainsi qu'un même nombre de bras a produit une masse beaucoup plus considérable de travail. Qu'en est-il résulté ?

C'est qu'un nombre d'ouvriers très-peu accru s'est partagé une somme bien autrement importante de salaires que par le passé.

Les détracteurs de machines pourraient-ils expliquer comment on serait parvenu au moyen du rouet à filer, à diminuer le prix des étoffes, à mettre ces étoffes à la portée de tous, à satisfaire à cette immense consommation qui s'effectue de nos jours, à augmenter la masse des salaires et le bien-être des ouvriers ?

Le bon marché.

LETTRE VI.

Monsieur,

J'ai résumé, aussi rapidement que possible, les forces productives de l'agriculture et de l'industrie françaises. Je n'aurais accompli que la moitié de ma tâche, si je n'essayais de montrer que ces forces ne se sont point endormies à l'ombre de la protection et d'indiquer ce que la double concurrence de l'intérieur et de l'extérieur ont su faire de leur emploi, dans l'intérêt de ce bon marché dont je vous entretenais dans ma précédente lettre.

On s'est beaucoup préoccupé vers ces derniers temps de la vie à bon marché. Certes, c'est là un but éminemment utile à poursuivre par les plus énergiques efforts ; mais, pour ma part, j'en ferais peu de cas, s'il fallait l'acheter par une diminution dans le salaire de l'ouvrier ou par une intensité moindre dans la masse des productions.

Du reste, nous n'avons rien à envier, sous ce dernier rapport, au Royaume-Uni, même après la réforme douanière tant prônée de Robert Peel. Depuis lors, le prix des céréales n'a pu y descendre plus bas que les plus élevés de nos prix courants. Au moment même où je vous écris, malgré l'accroissement intense de la production nationale, malgré les importations de blé et de viande que le monde entier envoie en Angleterre, une hausse persistante s'est déclarée sur les denrées alimentaires, et n'est pas près de s'arrêter encore.

Les moyens d'approvisionnement ne suffisent plus ; le quarter de froment, qui se vendait, à Londres, 40 shillings en 1852, se vend, à l'heure qu'il est, 54 shillings, soit 23 francs l'hectolitre, au lieu de 17. La viande a subi une augmentation analogue. Au train où vont les choses, on ne serait pas surpris de voir bientôt la viande, à Londres, à 1 shilling la livre anglaise, ou 3 fr. le kilog.

Je ne sais si c'est là un bienfait du libre-échange, mais, tout au moins, peut-on dire qu'il n'a point, en Angleterre, pour résultat, l'une de ses plus brillantes promesses : la vie à bon marché.

Tandis que le pain de l'ouvrier vaut 40 c. le kilogramme à Londres en temps ordinaire, il n'en vaut à Paris que 25, et tandis que la viande de troisième qualité se paie à Londres 45 c. le demi-kilogramme, elle ne se paie à Paris que 35 c.

L'agriculture française qui alimente aujourd'hui une population double de celle qu'elle alimentait, il y a cinquante années, livre encore la plupart des denrées alimentaires au même prix qu'alors, malgré le renchérissement considérable de la propriété territoriale et l'élévation progressive du prix de la main-d'œuvre. L'ouvrier de nos jours est incomparablement mieux nourri, mieux vêtu, mieux logé qu'il n'était à cette époque.

L'argent qui valait 10 et 12 pour 0|0 au moyen-âge, 6 et 7 au 18e siècle, ne vaut plus aujourd'hui que 3 et 4 p. 0|0.

Mais le bon marché des produits industriels, comme dans tout ce qui tient à l'industrie, est bien plus sensible encore que le bon marché des produits agricoles.

Le prix du quintal métrique de la houille sur le carreau de la mine offre une réduction qui n'est pas moindre de 20 p. 0|0 sur le prix qu'elle coûtait il y a vingt années. Il est successivement descendu, en moyenne, à 70 centimes et, dans le bassin de Saint-Etienne, jusqu'à 50 centimes sur le carreau de la mine. S'il s'élève aujourd'hui jusqu'à fr. 1 40 à Saint-Etienne, fr. 1 75 à Rive-de-Gier, la cause en est surtout dans le développement immense de nos voies de fer et de nos ateliers industriels.

A New Castle, la houille se vend aujourd'hui 70 cent. sur le carreau de là mine; supprimez les droits sur les houilles anglaises et en ajoutant le prix du transport au prix d'achat, elles se vendront aussi cher, rendues en France, que les houilles françaises. Le fer à la houille, le premier en importance par l'emploi qui en a été fait aux rails, qui valait fr. 52 le quintal métrique, en 1826, d'oscillation en oscillation, est descendu jusqu'à la baisse énorme de fr. 20; s'il s'élève aujourd'hui à fr. 30, c'est à la même cause qui fait renchérir la houille qu'il faut l'attribuer. Entre les fers français et les fers anglais il n'y a, du reste, en l'état, qu'une différence de fr. 5 sur le quintal métrique, qui serait également neutralisée par le fret. Dans la même période, le fer au bois, le premier en qualité, est descendu de fr. 60 à fr. 36 ou fr. 38, en sorte que par le seul effet de la concurrence intérieure, on paie le fer à 50 pour 0|0 de moins qu'en 1826, et par fois, on a pu l'obtenir à aussi bon marché qu'en Angleterre. En 1852, les fers du Creuzot et de la Loire se livraient à Genève aux mêmes prix que les fers anglais.

Les machines fixes qui valaient, il y a 20 ans, fr. 1,500 à fr. 2,000 par force de cheval, y compris le générateur, ne valent plus aujourd'hui que fr. 750 à fr. 1,200, suivant les forces et les systèmes. Elles ne consomment par heure et par force de cheval que 2 kilogrammes de houille, tandis que les machines anglaises en consomment quatre. Les machines affectées à la navigation maritime qui se vendaient fr. 1,800 à fr. 2,000 se rapprochent des cours anglais et se livrent aux prix de fr. 1,200 à fr. 1,400, avec tous les perfectionnements désirables; il y a quelques années, une locomotive coûtait 70,000 francs, elle n'en coûte guère plus de 40,000 aujourd'hui.

Le prix de la broche de filature de coton est tombé de fr. 15 à fr. 9, celui de la broche de filature de laine, de fr. 25 à fr. 12, et de la broche de filature de lin, de fr. 44 à fr. 26, dans la période de 1837 à 1846. Les toiles ont baissé encore plus que les fils, parce que le tissage a bénéficié non seulement de la réduction du prix des fils mécaniques, mais encore de la facilité plus grande que leur régularité a introduite dans le travail ; la diminution du prix des toiles, depuis 1837, est de 43 p. 0|0 ; celle des tissus en soie, de 10 à fr. 15 p. 0|0.

Les cristaux courants ont subi une baisse de 30 p. 0|0 dans la période de 1834 à 1842.

La diminution du prix des produits chimiques n'est pas moins remarquable : l'acide sulfurique qui valait, en 1826, 30 fr. le quintal métrique, est tombé successivement sur la place de Paris jusqu'à fr. 12, en 1846, et jusqu'à fr. 15 sur la place de Lyon, en 1853. La céruse qui se vendait fr. 105 à Lille, en 1825, ne se paie plus que fr. 69, bien que le prix du plomb n'ait éprouvé qu'une baisse de fr. 10. L'alun qui valait fr. 42 à Paris, en 1832, ne vaut plus aujourd'hui que fr. 25.

Et ce qu'il importe surtout de remarquer, c'est que le bon marché n'a pas été obtenu par la diminution des salaires, loin de là, c'est le contraire qui s'est réalisé ; depuis 1814, tous les salaires ont augmenté d'un quart, d'un tiers, de moitié ; dans le travail à la tâche, notamment, ils sont plus que doublés.

Pour les ouvriers fileurs et tisseurs, la journée, en moyenne, est montée de fr. 2 à fr. 3, quant aux premiers; de 1 fr. 50 c. à 2 fr., quant aux seconds; le même progrès s'est opéré dans la journée des femmes et des enfants. Pour les ouvriers employés au travail du fer, la journée est montée, pour un forgeron, de 3 à 5 fr., même à 6 et à 8, en travaillant à la tâche; pour les ajusteurs, de 3 fr. à 5 et 6 fr., même à 8 fr. à la tâche; pour les mouleurs, enfin, les plus favorisés par les circonstances, de 3 et 4 fr. à 8, 9, 10, et même 12 fr. par jour, à la tâche. Quant aux ouvriers des mines, le prix de la journée est passé de 1 fr. 50 c. à 2 fr. 50 c. et 3 fr.; à l'heure qu'il est, les commandes sont si multipliées, qu'on se dispute les bras.

En somme, les salaires ont augmenté et la plupart des objets de consommation ont diminué. On a pu constater encore, en industrie comme en agriculture, cette autre loi providentielle qui veut, qu'à mesure que la fécondité productive de l'homme s'accroit, le bon marché dans la production s'opère au profit des consommateurs, qu'il en résulte une augmentation de salaire pour les ouvriers, et, pour les fabricants, une diminution de bénéfice.

C'est dans l'industrie du coton, surtout, que le bon marché a produit ses plus merveilleux effets.

Les 70 millions de kilogrammes de coton que la manufacture française met en œuvre aujourd'hui ne se vendent pas plus cher que les 25 millions de kilogrammes manufacturés, il y a vingt années, en sorte que le consommateur, avec la même somme, achète une quantité double de tissus.

Le kilogramme de coton filé, qui valait 12 fr. vers la fin de l'Empire, six francs, encore, il y a dix années, ne vaut plus aujourd'hui que 3 fr. 20 c. On est ainsi descendu, en 36 années, de quatre fois la valeur de la marchandise.

La France payait, en 1814, sept francs le kilogramme, la matière première, et 33 fr. les façons diverses qu'elle lui faisait subir ; elle ne paie plus que 2 francs au lieu de 7, la matière première, et 8 fr. au lieu de 33 fr. la mise en œuvre.

Si les tissus en gros sont à meilleur marché en Angleterre, le calicot se vend en détail, au même prix, dans les magasins de Paris que dans ceux de Londres et, comme nous n'avons point à passer par une cascade d'intermédiaires, ainsi que les fabricants anglais, comme nous payons la confection un peu moins cher, une chemise ou une robe ne coûtent pas d'avantage en France qu'en Angleterre.

Vous avez pu remarquer, en effet, Monsieur, à Paris et à Lyon, les prix fabuleux auxquels sont descendus les vêtements en linge de première nécessité, les tissus en coton pour robes et l'immense extension imprimée à ce commerce. Il y a loin de là au dernier siècle où la malheureuse femme du peuple était obligée de se vêtir de bure de couleur sombre, pour échapper aux frais de renouvellement. Le même phénomène s'est produit pour ces élégants tissus de mérinos qu'on allait chercher autrefois dans les vallées du Thibet, que la femme opulente pouvait seule se permettre, il y a un demi siècle, et qui sont aujourd'hui accessibles aux femmes de toutes les classes. Il est de règle invariable en économie politique, que lorsqu'une industrie commence à peine à naître, on fabrique d'abord mal et chèrement, puis un peu moins mal et moins chèrement, enfin, très-bien et à bon marché. Le bon marché est la résultante de la reversion des frais qui s'opère des produits supérieurs sur les produits inférieurs. Si l'on ne produisait pas le tissu luxueux de cachemire, on ne pourrait pas produire à bas prix celui de mérinos.

Parmi cette innombrable variété d'autres tissus, où la laine, la soie, le coton se mêlent dans des proportions plus ou moins larges, que la mode et la fantaisie créent chaque jour et que, dans leurs inexorables caprices, elles soulèvent jusqu'à la vogue ou précipitent dans l'oubli, le bon marché a été, en moyenne, de plus des deux tiers dans une période de vingt et quelques années. Les plus admirables inventions sont venues en aide à ce bon marché. Dans la peinture des tissus opérée par l'impression, on a substitué le rouleau qui tourne sans cesse à la planche qui ne s'appliquait sur la toile que par coups successifs; à l'ancien métier à tisser la soie qui exigeait le concours de deux ouvriers et ne permettait d'exécuter qu'un seul dessin, on a substitué le métier Jacquard qui, par le seul changement des cartons employés, permet de confectionner avec le même appareil les étoffes les plus diverses. Ce métier a subi de tels perfectionnements, qu'il ne reste plus de l'idée première que le mécanisme principal. La mécanique à dévider la soie de Duchamp, a simplifié les opérations du dévidage. Un appareil des plus ingénieux et des plus rapides a été inventé depuis peu pour sécher la soie à peine teinte. Dans la métallurgie, on a substitué au marteau dirigé par la main de l'homme, la pression du laminoir. Vous ne vous attendez pas, sans doute, Monsieur, à ce que j'aille dresser une nomenclature de tout ce que notre pays a su faire pour soutenir contre ses rivaux cette lutte nouvelle du bon marché, ni de tous les perfectionnements qu'il a introduits dans l'emploi et l'économie de ses forces, des volumes n'y suffiraient point et, d'ailleurs, les catalogues de brevets, les rapports de l'Académie des Sciences, de la Société d'Encouragement et des jurys, sont là pour attester que jamais la France n'a déployé de plus vigoureux efforts pour jalonner ce vaste champ de l'industrie sans cesse en travail de fermentation et d'enfantement. Ce qu'il m'importait d'établir, c'est que l'industrie veille chez nous et qu'elle ne s'assoupit point avec langueur, comme le prétend le libre-échange, sur le mol oreiller de la protection.

L'industrie anglaise.

LETTRE VII.

Mais j'entends déjà le libre-échange me dire : Puisque la France fabrique si bien et à si bon marché, pourquoi donc hésite-t-elle à ouvrir ses frontières aux produits étrangers, ou, tout au moins, à modifier ses tarifs ? Si elle fabrique moins bien et plus cher que les autres nations, que ne laisse-t-elle faire à ces dernières ce qu'elles font mieux qu'elle ?

Sans doute, Monsieur, lorsqu'on se rend un compte exact des forces productives de la France, de ses prospérités présentes et de celles que lui ménage l'avenir, on peut croire qu'il n'y aurait pas un grave danger pour elle à se montrer plus facile envers la plupart des puissances européennes, et qu'en masse, l'industrie française aurait plutôt à gagner qu'à perdre dans un remaniement mieux entendu de ses tarifs; mais pour ce qui tient à nos rapports commerciaux avec l'Angleterre, bien qu'elle soit animée des meilleurs sentiments à notre égard, c'est une toute autre question qui mérite d'être examinée de très-près, d'être traitée avec réserve, et voici quels sont mes motifs :

La Grande-Bretagne, je me sers de l'attestation même de Robert Peel, a dix fois plus de capitaux que nous. Elle a son immense Compagnie des Indes qui lui donne le thé et l'opium que nous n'avons pas ; l'Australie, avec ses magnifiques gisements aurifères, ses vingt millions de troupeaux, ses 40 millions de livres de laine ; la Chine, avec ses deux ou trois cents millions de consommateurs, qui est encore fermée commercialement pour nous. Elle a le monde entier pour clientèle, lorsque nous n'avons que l'Algérie et quelques colonies d'une importance cent fois moindre que les siennes.

Tandis qu'une compagnie vient à peine de s'organiser à Marseille, pour l'exploitation de la ligne du Brésil, les steamers anglais de la Compagnie péninsulaire sillonnent en tout sens les Océans Atlantique et Pacifique, la mer du Sud, l'Océan indien, l'Australie et la Malaisie.

La Grande-Bretagne a ouvert à son commerce extérieur trois immenses routes dans le monde, jalonnées par les postes qu'elle occupe, soit par elle-même, soit par son alliance avec le Portugal.

Ainsi, Lisbonne, Gibraltar, Malte, Corfou, les îles Ioniennes, sont comme autant d'étapes qu'elle a échelonnées dans la Méditerranée sur la voie que suivent ses navires, depuis Londres jusqu'à Constantinople.

Ainsi, Madère, San-Iago, l'Ascension, Sainte-Hélène, le Cap, l'Ile-de-France, Mozambique, relient la métropole aux Indes-Orientales, à l'Indoustan et à l'Indo-Chine. Ainsi, par les Açores, les Bermudes, l'ile de Terre-Neuve, elle touche au

Canada, tandis qu'elle atteint Rio-Janeiro par la Jamaïque, la Trinité, la Guyane.

Depuis que l'intrépide lieutenant Waghorn a victorieusement résolu le problème des parcours transatlantiques, la compagnie péninsulaire avec un matériel qui ne s'élève pas à une somme moindre aujourd'hui de 50 millions, a mis le commerce de la Grande-Bretagne en possession des plus merveilleuses voies de transport. Elle a créé trois lignes puissantes de paquebots, qui partent de trois points différents : l'une, qui fonctionne depuis 1840, de Southampton à Alexandrie, et de Suez à Calcutta par Ceylan et Madras, met Londres à 40 jours de Calcutta, à 30 jours de Bombay, à 14 de Suez. Une autre ligne latérale à celle de Ceylan touche par Pénang et Singapore jusqu'à Hong-Kong et une troisième, plus récente, latérale à celle de Singapore vient de s'organiser par Batavia, Port-Essington et Wednesday, jusqu'à Sidney qui dessert les îles de la Nouvelle-Hollande.

La compagnie péninsulaire est ainsi en mesure

d'enlacer dans un vaste réseau la plupart des possessions des Indes-Orientales, et de les relier par mille embranchements divers, à tous les ports, les entrepôts, les détroits de la mer de Chine, les archipels des Philippines et de la Sonde, jusqu'aux points les plus reculés de l'Australie.

Tandis que notre marine commerciale à vapeur ne compte encore qu'un effectif de 20,000 tonneaux, tandis que nos correspondances, nos marchandises, nos passagers sont réduits encore à demander asile aux steamers anglais et américains, pour l'Océan atlantique et pacifique, la compagnie péninsulaire possède 27 navires à flot, 11 sur les chantiers, et des ingénieurs anglais s'appliquent à construire des navires de 5,000 tonneaux qui doivent se rendre, en ligne directe, de Southampton à Calcutta, sans être obligés de renouveler en route leur approvisionnement de charbon.

L'Angleterre est ainsi devenue le foyer de toutes les grandes communications du globe, le centre d'où partent ces navires ailés qui vont déverser partout l'exubérance de ses produits industriels, semer la vie et l'activité de ses échanges dans ses possessions les plus lointaines. Nous sommes dépassés de bien loin dans cette lutte d'un nouveau genre par ce génie britannique qui ne recule devant aucun obstacle, aucun sacrifice d'argent, aucun moyen d'action, pour faire triompher partout, dans l'intérêt de sa marine, de son commerce, de son industrie, les entreprises les plus hardies et les combinaisons les plus gigantesques.

Ce n'est pas tout; tandis que nous achevons à peine les grandes artères qui doivent rayonner de Paris vers les régions méridionales de la France, l'Angleterre est depuis longtemps en possession d'un réseau complet de chemins de fer. Tandis-que nous possédons à peine 900 lieues de canaux, elle en possède 1,200, le double proportionnellement à la surface des deux pays. Nous ne comptons jusqu'ici que 453,000 hectares de bassins houillers, tandis que l'Angleterre en compte un million 527 mille hectares. Lorsqu'elle produit 1,500 mille tonnes de fer, nous n'en produisons que

400 mille; lorsque la manufacture française ne met en œuvre que 70 millions de kilogrammes de coton, la manufacture anglaise en absorbe l'énorme quantité de 300 millions de kilogrammes. En Angleterre, un ouvrier conduit 400 broches, il n'en conduit que 120 chez nous.

A ces immenses avantages, l'Angleterre réunit encore le privilége inappréciable d'avoir ses grands centres manufacturiers dans le voisinage de la houille et du fer. Manchester touche, par sa voie de fer, à plus de seize foyers d'industrie qui rayonnent autour d'elle. Elle est à une heure de Liverpool, à huit heures de Londres. En France, Rouen est loin du combustible, Lille n'a pas une chute d'eau, Mulhouse doit lutter à la fois contre la cherté du combustible, l'éloignement des ports d'approvisionnement et des grands centres de consommation. Le minerai, le fondant, la houille, se trouvent réunis le plus souvent en Angleterre sur le même point; en France, pour les réunir, il faut avoir recours à des transports considérables.

Savez-vous, Monsieur, ce qui en résulte ?

C'est que la houille qui se payait en 1852 à St-Etienne 50 c. le quintal métrique sur le carreau de la mine, coûtait à Mulhouse 2 f. 50 c., c'est-à-dire que les frais de transport ne s'élèvent pas à moins de 2 fr.

On se plaignait récemment de ce que le coton s'achète 15 p. 0|0 plus cher au Havre qu'à Liverpool. La raison en est dans l'infériorité de nos moyens de transport, dans la plus grande cherté du fret et dans une consommation moindre.

Les Anglais manufacturant cinq fois plus de coton que nous peuvent acheter la matière première moins cher, faire de meilleurs choix, payer un fret moindre et concentrer à Liverpool d'immenses approvisionnements. Somme toute, si nous supprimions nos tarifs sur la houille, le fer, les cotons filés, nous laisserions entre nos produits et ceux des Anglais une différence à notre préjudice, de 24 à 30 p. 0|0 au moins.

Savez-vous, en définitive, Monsieur, ce qui résulterait d'une lutte à armes égales entre notre industrie et celle des Anglais? Une perturbation exactement semblable à celle que produirait la lutte d'un marchand en détail avec un marchand en gros. Qui peut ignorer, en effet, Monsieur, que le marchand qui opère sur une masse prodigieuse de marchandises, est bien mieux en mesure que le marchand en détail de se contenter de gagner peu sur beaucoup? Qui ne sait qu'on spécule, qu'on joue en Angleterre, sur les produits industriels, comme on joue à la Bourse sur les fonds publics, qu'entre le producteur et le consommateur anglais se place toute une filière de commerçants entre les mains desquels le produit circule comme un billet à ordre, un coupon de rente ou d'action?

Une industrie qui repose sur des bases aussi larges que l'industrie britannique, qui ne connait pas de limites à ses débouchés, qui, par sa tendance naturelle, incline vers les aventures, la spéculation, peut, en outre, courir tous les hasards, toutes les chances et se livrer aux plus folles témérités.

Je vous ai déjà parlé, Monsieur, de ce trop

plein, de ce trop produit qui, même chez nous, engorgent parfois nos marchés et deviennent ainsi la cause de funestes secousses.

Ce trop plein, ce trop produit, atteignent bien plus fréquemment encore, en Angleterre, de gigantesques proportions. Une fois lancé dans cette voie, il faut que le colosse de l'industrie britannique, comme un train express chauffé à toute vitesse qu'un temps d'arrêt trop brusque exposerait à dérailler, marche, marche toujours. Les débouchés se ferment, une crise financière, une concurrence redoutable se déclarent en Amérique, un cri de détresse s'élève en Orient, en Chine; une récolte manque dans l'Inde, dans l'Australie; une dépréciation dans la valeur monétaire de l'or menace d'éclater, n'importe, le colosse a les flancs robustes ; s'il faut subir des pertes, il les subira; s'il a besoin d'argent, il capitulera, comme ce commerçant obéré, mais riche, qui vide ses magasins, pourvu qu'il fasse honneur à sa signature, n'importe à quel prix.

Que votre frontière, que votre marché national

soient ouverts dans ce moment de crise suprême, et, fussiez-vous capables de lutter à armes égales, quel que soit le bon marché de vos produits, vous serez inondés, submergés comme vous l'avez été en 1786, comme nous avons inondé nous-mêmes la Suisse en 1848 de nos tissus d'Alsace, par une avalanche de produits anglais qui, ne pouvant s'écouler au dehors, s'échapperont par la première issue et viendront s'abattre sur vous, comme un torrent qui déborde, à 40, 50 p. 0/0 de perte, s'il le faut, pourvu qu'ils s'écoulent; le bassin le plus large se déchargera, au préjudice du bassin le plus étroit, non point par quelque perfidie préméditée d'avance, par quelque machiavélisme ténébreux, mais tout simplement à cause de cette inexorable loi de la nécessité qui ne calcule point, ne conspire point, mais qui commande, et, bon gré, mal gré, n'entend point qu'on lui résiste et veut être obéie.

Ceci m'amène à combattre encore cette autre erreur qui se propage de plus en plus dans le monde du libre-échange et qui consiste à regarder notre systéme de tarifs comme le résultat d'un régime suranné de guerre et d'hostilités permanentes entre nos voisins d'outre-Manche et nous.

Certes, si jamais on a vu deux nations pousser la bienveillance l'une pour l'autre jusqu'au paroxisme de l'enthousiasme, se prodiguer tous les témoignages de la plus cordiale amitié, ce sont les Anglais et les Français, après ce magnifique traité d'Amiens qui semblait assurer pour de longs jours la paix et la prospérité du monde ; jamais deux peuples n'ont entouré leurs ambassadeurs de plus ardentes ovations. L'occasion était grande alors pour un traité de commerce entre ces deux peuples, si grande, qu'elle tenta l'esprit froid et calculateur de Cambacérès.

D'où vint donc l'impossibilité de s'entendre, en matière commerciale, lorsqu'on s'entendait si bien en politique ? De la même difficulté que nous éprouvons aujourd'hui à faire coexister ensemble des produits similaires.

« N'allons pas si vite, répondit le premier Consul à Cambacérès qui le pressait de conclure un traité de commerce. La paix politique est faite, jouissons-en. Quant à la paix commerciale, nous la ferons si nous pouvons ; mais je ne veux, à aucun prix, sacrifier l'industrie française. Je me souviens des malheurs de 1786. »

Il fallait que cette singulière préoccupation des obstacles naturels à vaincre pour ajuster les intérêts de l'industrie française avec ceux de l'industrie anglaise fût bien puissante chez le premier Consul, pour éclater dans un pareil moment d'ivresse et de triomphe !

Où en étions-nous alors les uns à l'égard des autres ? Au même point où nous en sommes aujourd'hui.

Les Anglais se refusaient à diminuer les droits d'entrée sur nos vins; ils ne voulaient nous sacrifier ni le traité de Méthuen qui les liait au Portugal, ni leurs soieries naissantes dont ils avaient conçu des espérances exagérées. Le premier Consul se refusait, à son tour, à leur livrer nos fers et nos cotons qui débutaient à peine, et qui étaient bien loin encore d'avoir atteint leur période de maturité.

Que fait encore aujourd'hui l'Angleterre à notre égard ?

Malgré les réformes douanières de Robert Peel, malgré les réformes toutes récentes du chancelier de l'échiquier, lord Gladstone, elle ne permet pas plus à nos vins, qu'en 1801, de lutter chez elle contre les vins d'Espagne et du Portugal ; elle maintient un droit de 14 pour 0[0 sur nos soieries, de 10 pour 0[0 sur nos toiles peintes.

Que signifie donc cette liberté commerciale des Anglais, que le libre échange ne cesse point de nous préconiser comme un exemple à suivre ?

C'est que pour les produits où leur supériorité est bien acquise, pour les fers, les cotons, les machines, les constructions navales, ils ne craignent pas de se découvrir, n'ayant rien à redouter de la concurrence étrangère. Pour les produits, au contraire, où leur infériorité est bien notoire, pour les vins, les soieries, les toiles peintes, etc., etc., ils se couvrent et se gardent bien de se livrer.

Est-ce-à-dire qu'Albion soit toujours perfide ? non, elle est tout simplememt excellente ménagère de ses propres intérêts, comme il serait désirable que la France le fût des siens propres.

Quant à cet autre argument qui consiste à dire, que ne laissez-vons faire aux autres ce qu'ils font moins cher et mieux que vous, je me contenterai de poser aux libres-échangistes cette question :

S'il était démontré que les Anglais fabriquent mieux et moins cher que nous, les canons, les boulets, les grandes constructions navales et toutes les munitions de guerre, le libre-échange consentirait-il à leur livrer les arsenaux de Toulon, de Brest, les forges et les fonderies de Guérigny, etc.?

La houille, le fer, le navire sont les arsenaux, l'artillerie de nos temps modernes; qui les emprunte à l'étranger se livre.

Le zollverein et la Suisse.

LETTRE VIII.

Le libre-échange n'est pas plus heureux lorsqu'il invoque à l'appui de ses doctrines l'exemple donné par le zollverein et la Suisse, que lorsqu'il invoque celui de l'Angleterre. Je ne crains même pas d'avancer que loin d'être une arme en sa faveur, ces deux dernières expériences lui sont entièrement contraires.

Le travail d'association douanière qui s'est opéré de nos jours, en Allemagne, sous le nom de zollverein, n'est pas autre chose, en définitive, que le travail qui s'est accompli en France, en 91, lorsque le sol a été délivré de ces nombreuses lignes de douane qui variaient à l'infini dans le même royaume, et faisaient de chaque province du Nord, du Centre, du Midi, comme autant de petites principautés, de généralités, de grosses fermes, de pays d'Etat parfaitement distincts les uns des autres.

Le zollverein, comme la Constitution française de 91, a porté les derniers coups à ce régime intolérable ; il a reculé les douanes de l'intérieur de l'Allemagne à la frontière et délivré le sol allemand des barrières des provinces. C'est là son principal mérite. Commercial par la forme, son but est éminemment politique au fond. Il a servi de terrain neutre à la Prusse et à l'Autriche pour mieux s'entendre, pour mieux équilibrer leurs forces et se relier dans un intérêt commun.

L'union douanière allemande vient d'entrer dans une nouvelle phase de son histoire.

Vous savez, Monsieur, qu'aux termes d'un traité signé par la Prusse et l'Autriche à Berlin, le 4 avril 1853, le zollverein, à partir du 1er janvier

1854, est reconstitué pour douze années et agrandi du Hanôvre et de l'Oldenbourg.

Le fait caractéristique de cette nouvelle phase consiste dans l'établissement d'un tarif intermédiaire de douanes entre l'Autriche et l'Allemagne. Ce tarif opère des réductions notables sur les différents produits qui s'échangent entre les deux pays, sur les métaux, fer, cuivre, zinc, bruts et ouvrés.

Vous n'ignorez point quelle est l'économie générale du traité de Berlin. Les droits extérieurs, suivant ce traité, ne peuvent être réduits sans que les droits intermédiaires ne soient élevés dans la même proportion.

Que signifie cette clause essentielle du traité? C'est que, par une loi réciproque de solidarité, la Prusse et l'Autriche ont entendu s'enchaîner l'une à l'autre, et se garantir de l'envahissement des produits étrangers.

C'est une espèce d'échelle mobile appliquée à ces derniers produits. S'ils venaïent à être dégrevés par l'une des puissances signataires du traité, l'équilibre rompu serait à l'instant même rétabli par une augmentation de droits intermédiaires sur les produits des états confédérés.

Qu'a fait l'association douanière du zollverein dans la réforme toute récente de ses tarifs ?

Elle s'est bien gardée de réduire les droits extérieurs sur les produits étrangers. L'Autriche s'est bornée à réduire les droits intermédiaires sur les fils de coton, les tissus de laine et de soie de la Prusse; et la Prusse, à son tour, s'est bornée, vis-à-vis de l'Autriche, à réduire les droits intermédiaires sur les vins de la Hongrie et du littoral de l'Adriatique, en sorte que si, d'une part, pour l'Autriche, la Prusse, l'Allemagne, la nouvelle phase historique du zollverein peut être regardée comme un véritable acheminement vers les doctrines du libre-échange, en ce qui les concerne et touche à leurs intérêts exclusifs, d'autre part, cette nouvelle phase peut être regardée comme la consécration et l'aggravation même du système protecteur à notre préjudice, puisque nos articles similaires, nos vins, nos tissus de laine et de soie n'étant pas dégrevés comme ceux de l'Allemagne et de l'Autriche, se trouvent, par le fait même de ce dernier dégrèvement, frappés d'une manière indirecte d'un droit plus fort et moins en mesure de soutenir la lutte avec avantage sur ces marchés.

Vous vous souvenez, sans doute, par tradition, de la célèbre douane de Valence, véritable coupe-gorge commercial, de ce bienheureux temps où une balle de soie venue d'Italie ou du Levant payait un premier droit au pont de Beauvoisin, où la même balle allant de Lyon à Nantua pour être ouvrée, en payait un second au bureau de Montluel, puis un troisième, l'infortunée victime, lorsqu'elle revenait toute mutilée par le fisc à Lyon, pour être manufacturée. Vous vous souvenez que Colbert lui-même, l'homme de marbre, le Nord, comme l'appelait si spirituellement Mme de Sévigné, malgré toute l'énergie de sa volonté, et les protestations les plus ardentes de la cité lyonnaise, Colbert n'osa point toucher à cette merveilleuse poule aux œufs d'or, issue du cerveau du maréchal de Lesdiguières, qu'elle continua paisiblement le cours de ses exploits et survécut jusqu'en 1790.

La nouvelle expérience tentée par le zollverein ne prouve rien de plus en faveur du libre-échange que ce que prouve en sa faveur la suppression de la douane de Valence. Comme la Prusse, l'Autriche, l'Allemagne, la France industrielle et commerciale pouvait en 89 être encore assimilée à une fédération de provinces reliées seulement entr'elles par le lien féodal.

Ce qui peut advenir de plus heureux à des nations ainsi constituées, c'est que les produits circulent d'une province à l'autre, sans entraves, surtout, lorsque ces nations ont à y gagner comme l'Allemagne, l'harmonie politique, la fusion d'intérêts divers et le principe si fécond de l'unité;

Mais de là au libre-échange avec l'étranger, il y a un abîme, et l'association douanière du zollverein me parait moins disposée qu'une autre à le franchir. Le célèbre fondateur du zollverein, le docteur List lui-même n'admettait la liberté des échanges qu'entre nations parvenues au même degré de maturité et d'activité industrielles.

Quant à la Suisse, il est facile de juger si bien lui a pris de jouer avec le feu de la liberté commerciale en 1848.

Vous connaissez la Suisse ; vous savez qu'elle possède un sol couvert de chutes d'eau, merveilleusement accidenté et disposé pour l'emploi de la force motrice. A ce privilège unique de situation se joint encore une admirable sobriété parmi ses habitants. L'ouvrier suisse vit, se nourrit et se contente de peu pour salaire, la main-d'œuvre y est à meilleur marché que partout ailleurs. Dans les cantons de St-Gall et d'Appenzel, des ouvriers en mousseline brodée ne gagnent guères plus de 10 sous par jour. Avant que le crédit eût pris en France le prodigieux essor qui le distingue aujourd'hui, l'argent se payait à Bâle et à Genève deux pour cent de moins que chez nous. Les impôts y sont bien moindres que les nôtres, le travail industriel s'y combine et y alterne dans les plus favorables proportions avec le travail agricole et pastoral. On y a filé, tissé, imprimé.

Savez-vous, monsieur, où en sont les Suisses?

La filature s'est améliorée, le tissage a subi une dépréciation très sensible, il ne leur reste plus que la peinture de quelques toiles communes, leurs florentines et leurs petits taffetas de Zurich qu'ils livrent aux Hollandais qui les exportent dans leurs colonies de l'Inde, à Java et Batavia; ils n'ont plus guères conservé que la mousseline brodée et l'horlogerie où la main-d'œuvre joue le premier rôle, et la fabrication des machines qui tient à la facilité et à l'abondance de leurs moteurs hydrauliques. Admettez que l'industrie suisse soit forcée de sortir de ses étroites proportions, d'appeler à son aide des ouvriers étrangers, que les impôts et la main-d'œuvre s'y élèvent et dans une lutte avec l'Angleterre et la France, pour la fabrication de produits similaires, elle sera inévitablement dépassée, sinon, dans un temps ordinaire, du moins, dans un temps de crise et de trop plein, comme elle l'a été par l'Alsace, en 1848.

C'est là le sort réservé à toute industrie qui n'ayant pas atteint son âge de puberté s'aventure à lutter, à armes égales, avec des industries plus anciennes, plus largement assises qui l'ont précédée de bien loin dans la voie de l'expérience et des perfectionnements.

Quant à l'Amérique, il s'y prépare des rivalités bien redoutables pour l'avenir de l'industrie française, et même pour l'industrie des Anglais. On commence à y fabriquer des étoffes qui surpassent en bon marché celles de l'Angleterre, et des tapis dont elle possède, seule, le secret, non point, que la main-d'œuvre y soit moins élevée qu'autre part, au contraire, mais, à cause de l'immensité et de l'intensité de sa force de production. Dans une usine où l'on emploie, en France, un moteur de 80 chevaux, les Américains en emploient un de 600, et cela se fait par association, par actions, comme on extrait chez nous de la houille et l'on entreprend des chemins de fer.

Et, néanmoins, quoiqu'elle avance à pas de géant dans cette nouvelle voie, l'Amérique, qui n'avait presque pas de tarifs se couvre aujourd'hui d'une protection qui n'est pas moindre de 40 à 50 pour 0|0.

Quant à la Russie, vous savez, monsieur, qu'elle n'est pas plus avare de tarifs que l'Amérique, et que bien qu'elle y réussisse fort mal, elle s'obstine à encourager par tous les privilèges possibles la production du sucre de bette-rave, la fabrication des étoffes en coton et qu'elle a interdit chez elle l'entrée du thé anglais par les ports de mer.

LETTRE IX.

La marine marchande et la navigation.

Je touche enfin, Monsieur, au point le plus vulnérable et le plus douloureux de notre situation économique. Je veux parler de la marine marchande et de la navigation.

Si le libre-échange a ses erreurs, le système protectionniste a les siennes aussi, et comme j'ai promis d'être impartial, je tiendrai parole. Certes, on ne peut accuser les partisans de ce dernier système de méconnaître leurs propres intérêts. Ils ont apporté dans leur défense une stratégie, une habileté, un ensemble d'efforts qui déposent de leur résolution bien arrêtée de ne rien céder à leurs adversaires qu'après avoir lutté jusqu'aux derniers retranchements sur leur propre terrain. Mais les intérêts particuliers, lorsqu'ils deviennent exclusifs, ont leurs aveuglements, leurs préjugés et se trompent même à leur préjudice, tout comme les théories les plus téméraires. Dominés à leur insu par cette immense idée de Napoléon qui lui fit réaliser le blocus continental et concevoir la possibilité de vaincre la mer par la terre, les protectionnistes ont cru qu'il suffisait à une grande industrie, comme celle de la France, de produire tout ce qu'elle peut, de ne compter que sur ses seules ressources et de se réserver son marché national, pour vivre en sécurité de sa vie propre et se ménager les meilleures chances d'avenir.

Du jour où cette idée a prévalu dans nos assemblées parlementaires, les expéditions au long cours, les colonies, la marine marchande, l'étude des débouchés, le mécanisme des assurances, du fret, ont été négligés, abandonnés et frappés du plus funeste discrédit. Les protectionnistes qui se défendent si bien aujourd'hui sur tout ce qui tient à l'économie intérieure de leurs industries, n'ont pas même songé à préserver notre marine marchande de l'une des épreuves les plus déplorables du libre-échange, de la réciprocité appliquée à l'industrie des transports maritimes, et je montrerai bientôt que, récemment encore, ils n'ont pu se décider à faire la moindre concession en faveur des constructions navales et du chantier national.

Vous savez, Monsieur, où nous ont conduits les célèbres traités de réciprocité de 1822 et 1826, qui nous lient à l'Angleterre et aux Etats-Unis.

Depuis lors, nous sommes descendus dans la navigation de concurrence avec les Anglais, de 55 pour 100 à 29 pour 100, et avec les Américains, jusqu'à 10 pour 100.

Tandis qu'en 1850, la part du pavillon français ne s'est élevée, dans le mouvement de notre commerce international avec les Anglais, qu'au chiffre de 400,000 tonneaux, la part du pavillon anglais est montée jusqu'au chiffre de 1,072,000 tonneaux.

Dans la navigation générale de concurrence,

les pavillons étrangers absorbent près des deux tiers de nos transports. A mesure que les relations deviennent plus lointaines, la part de la navigation française devient moindre encore et descend au-dessous de 15 pour 100.

Il en résulte que nous payons à l'étranger pour nos transports maritimes un fret annuel de 2 millions 800,000 tonneaux environ. A 20 francs en moyenne par tonneau, c'est un tribut de 56 millions de francs qui sert à faire vivre à nos dépens les marines rivales, à enrichir le commerce extérieur en concurrence avec le nôtre.

En 1789, avant les secousses formidables que les guerres acharnées de la République et de l'Empire eurent fait subir à notre commerce, nos divers ports réunis présentaient une navigation de 500,000 tonneaux. Aujourd'hui, à 64 ans d'intervalle, après 38 années de paix, ce chiffre ne dépasse guère 680,000 tonneaux, tandis que l'Angleterre en compte 3,000,000, et les Etats-Unis 2,130,000. Notre tonnage n'est que le sixième de celui de la Grande-Bretagne, et guère plus du quart de celui des Etats-Unis.

En 1839, l'effectif de notre mobilier naval se composait de 15,600 navires, il remonte à peine aujourd'hui au chiffre de 1839.

Si l'on décompose les éléments de cet effectif, les choses se présentent sous un aspect plus triste encore. Sur 15,600 navires, 8,900 jaugent moins de 30 tonneaux, 3,000 entre 30 et 100 tonneaux, jugez, monsieur, de ce qui reste en bâtiments de quelque importance, susceptibles de transporter des marchandises d'encombrement et de se livrer à la grande navigation. Dans une période de 30 années, nous avons perdu peut-être un quart en bâtiments de 4 à 500 tonneaux allant aux Antilles, en Amérique, au-delà des deux caps. Il est juste de constater que les chantiers du Hâvre, de Nantes, de la Rochelle, de la Gironde, font aujourd'hui les plus honorables efforts, pour nous relever de cet état de déchéance, construire des navires d'une portée qui n'est pas moindre de 1,200 à 2,000 tonneaux, mais enfin le mal n'est pas moins très réel, très grave, et mérite qu'on s'y arrête et qu'on y avise au plus tôt.

Trois grandes mesures ont été proposées en 1846 pour remédier à ce mal :

La dénonciation des traités de réciprocité de 1822 et 1826, suivie de l'exclusion du tiers-pavillon.

La franchise des matières premières servant à la construction, à l'équipement et au gréement du navire, telles que fers en barres, cuivre, tôles, cornières, zinc brut ou laminé, bois, lin, chanvre, goudron, biscuit, viandes salées, etc., etc.

Le dégrévement des matières encombrantes de nature à alimenter un fret continu telles que coton, sucre, café, cacao, tabac, houille, etc., etc.

Le libre échange a proposé, à son tour, dans l'intérêt de notre marine, l'achat du navire à l'étranger, la suppression des droits différentiels, des surtaxes de notre navigation réservée, celle de nos pêcheries, etc., etc.

Le parti protectionniste a combattu en 1851 à l'Assemblée législative, par son organe le plus accrédité, la dénonciation des traités de 1822 et 1826, non sans de très sérieux et de très valables motifs.

Vous pouvez bien, a-t-on dit, imposer chez vous la houille et le fer, mais si vous imposez les bâtiments américains en France, savez-vous ce qu'on fait par représailles? On impose les bâtiments français en Amérique. Nous avons joué à la guerre des tarifs, en 1823, avec les Américains, ils ont porté le droit de tonnage à 100 pour 100. Nous ne pouvions plus entrer en Amérique, y faire nos approvisionnements de coton. Il a bien fallu céder et subir, malgré nous, l'égalité du pavillon.

Quant au pavillon tiers, à celui qui n'appartient pas au pays de provenance, qui fait, comme le danois, le suédois, l'anséate, le service régulier entre nos ports de l'Océan et les ports russes de la Baltique, on a objecté que des rigueurs partielles exercées à l'égard de cette marine intermédiaire ne se résoudraient qu'en un médiocre profit pour nos armements, que, d'une part, on y perdrait un mouvement d'affaires que le bon marché du fret contribue à créer, que, de l'autre, les transports qu'on enlèverait au pavillon-tiers retourneraient presque tous au pavillon de la puissance d'où les produits transportés sont originaires et ne seraient pas moins perdus pour nous; que les marines évincées ne désarmeraient point pour cela, et que, grâce à une naturalisation facile à obtenir, elles reparaîtraient dans nos ports, sous la couleur de l'un des Etats favorisés.

Quant à la franchise des matériaux affectés à la construction du navire, les protectionnistes se sont livrés à une série interminable de calculs, pour montrer que le fer, le cuivre, ne figuraient dans la construction d'un navire que pour une valeur infinitésimale. Il n'oubliaient qu'une chose dans leurs calculs, c'est que les navires en fer sont destinés, d'après la conviction intime de l'un de nos armateurs les plus distingués, M. Benet, à remplacer les navires en bois.

Quant au dégrèvement des matières à fret telles que coton, sucre, café, etc., les protectionnistes ont gardé un silence absolu et la plus prudente réserve. Je dois néanmoins ajouter, pour être juste, que, tout récemment, quelques-uns d'entre eux ont demandé le dégrèvement des matières premières qui n'ont pas de similaires en France et le remplacement de la prohibition sur quelques produits manufacturés par un régime de droits suffisamment protecteurs.

Je vous ai assez entretenu, monsieur, de l'achat du navire à l'étranger, pour qu'il soit utile d'y insister, et quant à la suppression des droits différentiels qui sauvegardent encore les quelques colonies qui nos restent, je ne crois pas qu'il puisse venir sérieusement aujourd'hui à la pensée de personne d'aller encore tenter là une expérience de dupe, en présence du prodigieux développement colonial et maritime de l'Angleterre et des Etats-Unis.

Que reste-t-il donc de toutes ces grandes réformes imaginées en faveur de notre marine marchande?

Rien, absolument rien.

Et pourtant, on ne saurait trop le répéter, si un pareil état de choses venait à se perpétuer, il aurait, pour conséquence inévitable, la perte de nos débouchés et l'amoindrissement progressif de notre industrie et de notre commerce extérieur. Au point de maturité où notre industrie est parvenue, les protectionnistes auraient beau s'en défendre, le marché national est le moindre côté de la question économique qui s'agite aujourd'hui dans le monde.

Je vous ai déjà parlé de l'industrie lyonnaise qui trouve au dehors ses plus larges débouchés, il en est de même d'une foule d'autres industries nationales qui travaillent encore plus pour l'extérieur que pour la France.

Sans doute, le marché national est une grande et précieuse ressource qu'il faut bien se garder d'aliéner et de livrer en aveugle, mais ce marché, s'il n'avait point pour complément un large système d'échanges, de navigation, de comptoirs et d'échelles au dehors, ne saurait seul suffire à ce développement industriel, à cette exubérance d'activité qui poussent nos manufactures à produire, bien au-delà des besoins de la consommation intérieure.

Il faut bien que l'industrie et le commerce extérieur se persuadent, qu'ils sont solidaires l'un de l'autre, que sans produits industriels et à bon marché, sans matières encombrantes, il n'y a pas de fret, que sans fret, il n'y a pas de navigation, sans navigation, pas d'échanges, et que, sans échanges, on est bientôt à la merci des étrangers pour le choix de ses approvisionnements et l'opportunité de ses transports.

Une autre erreur des protectionnistes est de croire, comme ils l'ont cru pour le commerce de Chine, par exemple, qu'il suffit de calculer quelles sont les chances d'écoulement que nos produits manufacturés peuvent rencontrer à l'extérieur, de confronter leurs prix avec ceux des autres produits similaires de l'Europe et de dresser une espèce de bilan approximatif des profits et pertes que de nouvelles transactions commerciales sont appelées à subir, pour démontrer la possibilité de ces transactions.

C'est prendre le problême à rebours. Le profit du produit industriel n'est qu'une question de valeur. Le profit de l'armement est toujours une question de volume, de vide ou de plein à bord.

Pourvu que le produit, une fois le fret payé, se vende plus cher qu'il n'a coûté, l'opération est parfaite, le gain est acquis.

Pour l'armement, au contraire, peu importe que le produit reçu dans la cale du navire ait plus ou moins de valeur, se vende plus ou moins cher, l'essentiel, c'est qu'elle se remplisse, fût-ce avec de la glace, comme on en voit l'exemple chez les Américains. Avant de calculer le profit du produit, il importe donc de s'assurer d'avance si l'armateur a un intérêt réel à équiper le navire, s'il trouvera un fret suffisant pour le couvrir de ses dépenses de navigation et d'armement, à l'aller et au retour.

Comment accroître la masse de ce fret qui nous manque, comment en amoindrir le taux qui donne au pavillon étranger la préférence sur le pavillon français?

Par un dégrèvement graduel des matières premières telles que sucres, cotons, cafés, tabacs, etc., par une production nationale mieux appropriée aux besoins du dehors, par des produits d'une grande consommation et à bon marché, par la franchise des matériaux consacrés à la construction en entrepôt des navires, sauf à justifier de l'affectation de ces matériaux à la destination déclarée, par une réduction du personnel à bord, par le transport exclusif, sous pavillon français, des matières employées à desservir les besoins de l'Etat.

Vous voyez, Monsieur, que je suis loin d'être un partisan absolu du système protecteur et bien moins encore de la prohibition.

De pareilles réformes seraient de nature à concilier tous les intérêts, à les relier dans un but commun. Elles donneraient satisfaction sur quelques points, au libre-échange, sur quelques autres, au système protecteur, elles garantiraient le maintien du chantier national, elles ouvriraient à notre commerce, à notre marine, un essor inattendu.

Aussi, parmi toutes ces institutions de crédit qui se fondent aujourd'hui en France, avec une merveilleuse rapidité, nulle ne me paraît plus digne d'être encouragée et soutenue que celle du crédit maritime; nulle ne me paraît appelée à combler plus de lacunes, à rendre des services plus féconds et surtout plus opportuns. N'aurait-elle pour résultat, que de diminuer le taux du frêt, des assurances, d'activer les constructions navales, elle aurait bien mérité du pays, car, vous ne l'ignorez point, la marine marchande n'est pas seulement un intérêt, elle est un élément énergique de puissance. Une marine militaire, pour être forte, a besoin de s'appuyer sur une vigoureuse marine marchande: c'est là où elle se recrute, c'est là sa pépinière, sa meilleure école préparatoire.

Malgré l'infériorité de notre mobilier naval et de notre tonnage dans la navigation de concurrence, on n'est pas moins émerveillé de voir les exportations par mer de notre pays s'élever, de 1851 à 1852, de 1264 millions, au chiffre de 1505 millions, à côté des 1600 millions de l'Angleterre.

Avec les colonies et les comptoirs britanniques,

notre pavillon a recueilli quelque avantage de la réforme de l'acte de navigation anglais; nos relations directes avec la Californie ont été sensiblement plus actives et se sont étendues jusqu'à l'Australie. Notre commerce extérieur a atteint, dans cette même année 1852, la valeur officielle de 3 milliards 119 millions 400,000 fr. Sauf le progrès exceptionnel de 1849, réaction naturelle contre les pertes de 1848, aucune année n'avait présenté un accroissement aussi considérable que celui de 1852, qui ne s'élève pas à moins de 382 millions.

Enfin, les recettes des contributions indirectes, qui sont l'un des indices les plus certains de la prospérité publique, sont montées en 1852, après les plus redoutables secousses, à 810 millions, presque au même niveau de 1847. Le coton figure au tableau des douanes pour 72 millions de kilogrammes; la laine, pour 30 millions; la soie, pour 24,202 quintaux métriques; la fonte, pour 41,000 tonnes; la houille, pour 2 millions 561,000 tonnes. L'année 1852, marquera comme l'une des époques où s'est le plus énergiquement dessiné le mouvement de reprise du travail et des transactions. Avec de pareilles ressources, on se rassure bientôt et l'on peut tout espérer de cette incomparable souplesse du génie de la France qui lui fait cicatriser ses plaies, réparer ses désastres et regagner, en un clin d'œil, le terrain et le temps perdus.

Du reste, Monsieur, on retrouve encore dans la marine cette puissance invincible, illimitée de la vapeur qui est en voie de transfigurer et de simplifier tout ce qu'elle touche, jusqu'à cet art si compliqué de la guerre. Devant cet énergique niveleur, les forces les plus inégales entre elles s'équilibrent, se neutralisent, et l'infériorité numérique de notre pavillon et de notre personnel naval disparait.

Cette autre immense idée que Napoléon poursuivait au camp de Boulogne, de faire de la mer un chemin et non un champ de bataille, est sur le point de se révéler et de se réaliser, dans toute sa grandeur. Avec sa liberté d'allures, la vapeur choisit, à son gré, les lieux propices, rase le rivage, sans danger, trompe les croisières et atterrit avec confiance. La mer n'étant plus un but, mais un moyen, n'étant plus une destination, mais une route, il en résulte qu'un grand nombre de vaisseaux et de marins ne seraient plus aussi nécessaires pour des fins purement expectantes.

La vapeur est fatalement destinée à vaincre la voile, cet agent imparfait et capricieux de la navigation actuelle (1). Le principe triomphe, il ne reste plus qu'à en dégager les conséquences. Que les vaisseaux s'approprient un moteur moins précaire, plus sûr, moins chargé d'accessoires et à

(1) Il ne faudrait pourtant pas trop se presser de conclure, que cette transition de la voile à la vapeur s'opérera d'un jour à l'autre; l'un des premiers armateurs de l'Angleterre, M. Lindsay, a récemment déclaré à Southampton que la navigatiou à voile avait tout à gagner au développement de la marine à vapeur, et il ajoutait, à l'appui de ses paroles, que pendant l'année 1852, le taux du fret avait éprouvé une hausse de 100 p. 0/0.

l'instant même, tout soldat destiné à une bataille rangée se retrouve et s'utilise au besoin. Il ne reste à bord que des artilleurs et des fusiliers. La guerre devient sur les océans beaucoup moins compliquée qu'en terre ferme. On va vers l'ennemi ou bien on l'évite ; on s'aborde quand on le veut, et à peu près comme l'on veut.

L'avantage précieux qu'y peut gagner surtout un pays comme le nôtre, qui compte plutôt sur la qualité de ses marins que sur la quantité, c'est une économie d'hommes, car tous sont à bord, pour la guerre et non pour la manœuvre. L'appauvrissement de notre inscription maritime, l'infériorité de notre personnel naval trouvent là leur correctif. La difficulté de défendre convenablement les parties vulnérables d'un vaisseau à vapeur, la machine et les roues est un obstacle dont se joue déjà l'esprit humain.

Aux Etats-Unis comme en Angleterre, la marine commerciale possède aujourd'hui un nombreux effectif de bâtiments à vapeur qui, en cas de guerre, seraient promptement pourvus d'artillerie et trouveraient des équipages tout formés. La vapeur, comme moyen de transport, aura en outre pour mission, de réaliser la fusion de toutes les armes, leur assimilation et leur solidarité. L'armée de mer assurera à l'armée de terre la rapidité des mouvements et de nouveaux moyens stratégiques, en la portant à jour fixe sur les points qui réclameront sa présence; l'armée de terre, par son concours simultané, empêchera que les triomphes de l'armée de mer ne demeurent stériles et limités dans le périmètre des vaisseaux. On devine sans peine tout ce que la France pourrait gagner à de pareilles combinaisons, elle serait ainsi en mesure de choisir à son gré le théâtre de ses luttes et de le fixer sur la terre ferme, ainsi que l'avait conçu Napoléon à Boulogne. La guerre n'a pas encore vu la vapeur à l'œuvre, mais il est probable que cet infatigable agent nous y ménage, comme dans l'industrie, l'agriculture, de nouvel-lessur prises et des résultats inattendus.

Tout, nous conseille donc de protéger, d'étendre nos chantiers nationaux, de leur accorder toutes les franchises de matériaux nécessaires à la construction et d'organiser notre marine commerciale à vapeur sur la plus large échelle, surtout, comme moyen de transport.

LETTRE X.

Le décret du 22 novembre 1853. — La houille et le fer.

Je ne saurais, Monsieur, terminer cette étude, sans dire quelques mots d'un fait considérable qui vient de se produire dans notre système économique. Je veux parler du décret du 22 novembre 1853 qui réduit d'une manière notable les droits d'importation sur la houille et les fers, et de l'ensemble des modifications que le conseil supérieur du commerce se dispose, sans doute, à faire subir à notre régime de tarifs. J'avais quelque raison, je crois, d'établir dès le principe, qu'en économie politique, les faits nouveaux devancent toujours les idées et déconcertent les plans les mieux conçus.

Que faut-il penser de cet important décret? Est-ce une victoire pour le libre-échange, une défaite pour le système protecteur? Ni l'une ni l'autre de ces conséquences n'est vraie et ne résiste à un sérieux examen. Le gouvernement impérial s'est placé sur un terrain de neutralité, de sagesse pratique, de pondération et de progrès mesuré, qui sont la loi nécessaire de tout dégrévement en matière de tarifs. Il n'a voulu faire ni de la théorie du libre-échange absolue ni de la théorie ultra-protectionniste. Il a pris conseil des améliorations accomplies en France dans la production du fer et de la houille, depuis plus de quarante années; il s'est hâté de donner satisfaction aux nombreuses industries en souffrance qui s'y rattachent, et de réaliser une solution vivement attendue et dès longtemps promise par les maitres de forges eux-mêmes.

Il n'est peut-être pas sans intérêt, en effet, de rappeler, que la commission du conseil général des manufactures ayant été saisie, dans sa session de 1841, par M. le ministre des travaux publics, de la question de savoir, quel serait le délai que comporterait toute réduction nouvelle sur le tarif des fers, cette commission, par l'organe de son éminent rapporteur, M. Léon Talabot, proposa un terme de *six années* dans son rapport du 14 janvier 1842, pour que nos forges pussent continuer leur accroissement, finir leurs livraisons de rails pour les principaux chemins de fer qui allaient être construits, livrer à la consommation du fer marchand la majeure partie de leurs produits, et attendre que la transformation de la fabrication du fer au bois par la houille se fût successivement opérée sans secousses.

Onze années se sont écoulées depuis, et, il faut bien le dire, jamais une circonstance aussi favorable ne s'était présentée jusqu'ici, pour tenir la promesse faite par le rapporteur de la commission du tarif des fers.

La houille, le fer, à ses différents états, fonte, fer en barre, toles, acier, sont, sans contre-dit, au nombre des matières premières que l'industrie emploie le plus dans ses innombrables ramifications et qu'il lui importe surtout de se procurer à meilleur marché. La houille et le fer étaient enchéris par le tarif et par les besoins croissants de la consommation à un tel degré, qu'ils menaçaient d'avoir les conséquences les plus fâcheuses, de paralyser l'essor de nos usines les plus vivaces et de leur faire subir un état déplorable de mise en coupes réglées et de ration, la houille, pour quelques zones et quelques centres industriels les plus animés de notre territoire, Lille, Saint-Quentin, Rouen, Nantes, Mulhouse, Saint-Etienne, Lyon, tout le littoral de l'Océan et de la Méditerranée, les fers, pour les 86 départements, sans exception. De là, de nombreux inconvénients que le décret du 22 novembre a pour objet d'atténuer, tout en ménageant avec la plus grande réserve les sources de la production.

La houille payait, avec le décime , 55 centimes par 100 kilogrammes, des Sables d'Olonne, de la Vendée, à Dunkerque; sur le reste du littoral, elle payait 33 cent.. Par la frontière de terre, le droit était de 16 cent. 1|2 , excepté pour la rivière de Meuse et le département de la Moselle, où le droit n'était que de 11 cent. Une petite zone comprise de la mer à Halluin subissait le droit le plus élevé du littoral, 55 cent.

Un pareil état de choses soulevait les plus vives réclamations. Des Sables d'Olonne à Dunkerque, on rencontre des provinces fort industrieuses, et surtout, la Bretagne, la Normandie , les importantes cités de Nantes, du Hâvre, de Rouen, auxquelles le prix élevé de la houille était fort préjudiciable. Désormais, cette grande zone des sables d'Olonne à Dunkerque, et de là, par terre, jusqu'à Halluin, ne sera plus grevée que d'un droit de 33 cent. Le reste de la frontière maritime, c'est-à-dire, le littoral de la Méditerranée avec le littoral de l'Océan, entre Bayonne et les Sables d'Olonne, est assimilé à la masse principale de la frontière de terre qui était faiblement taxée et pour laquelle il n'est opéré aucun changement.

Ainsi, le littoral de la Méditerranée et de l'Océan obtiennent une réduction de droits de moitié. Le droit minime de 11 centimes reste en vigueur, pour la rivière de Meuse et le département de la Moselle. Le coke qui était taxé au double de la houille ne le sera plus que de la moitié en sus. Deux motifs principaux paraissent avoir déterminé ce dégrèvement transitoire dans nos tarifs ; celui de ménager nos bassins houillers, jusqu'à ce qu'ils aient acquis une force d'extraction plus intense, et celui de maintenir un droit au profit du trésor sur la houille et le coke qui a bien son importance aussi, puisqu'en 1852, il n'a pas été moindre de 8 millions; tant il est vrai que lorsqu'il s'agit de remanier des tarifs, c'est là toujours une question complexe où il est impossible de procéder par voie de doctrine absolue, et où il est indispensable de recourir à des tempéraments infinis et de concilier à la fois les intérêts du trésor, de la production et de la consommation.

Quant aux fers, à partir du 1er janvier 1855, toute distinction sera abrogée entre le fer au bois et le fer à la houille. Le droit sur la fonte brute sera réduit à f. 4 40 c.; sur le fer en grosses barres, à f. 11; sur le fer en petites barres, à f. 15 40 c.; sur la tôle, à f. 22, et sur l'acier, à f. 33. Une surtaxe d'un dixième est établie par navires étrangers.

Rien n'est changé jusqu'ici pour le fil de fer.

De ce jour au 1er janvier 1855, les droits seront un peu plus élevés. Ainsi, la fonte paiera f. 5 50 c., le fer en grosses barres et les rails des chemins de fer paieront f. 12, 14 et f. 16, suivant les dimensions.

La réduction la plus notable et la plus féconde en bons résultats généralement attendus, est celle du droit sur l'acier. De f. 66 pour l'acier naturel ou de cémentation, et de f. 132 pour l'acier fondu, ce droit a été réduit à f. 33. A ce taux, les bons aciers étrangers seront accessibles à une foule d'industries qui les emploient. C'est là un véritable bienfait pour notre agriculture et pour les ateliers de nos constructions navales et fluviales, surtout. Pour la coutellerie et la taillanderie en particulier, le nouveau droit sur l'acier est une modification qui donne les meilleures espérances. Personne n'ignore que la partie vive de l'outillage est en acier et combien il importe que le pays en soit approvisionné au meilleur marché possible.

Quant aux droits sur les fers de petit échantillon, ils sont diminués dans une proportion telle, que l'industrie française pourra se procurer ces variétés à l'étranger, si les produits indigènes ne peuvent la satisfaire, en élevant trop haut leurs prétentions.

Quant à la tôle, bien que le nouveau droit ne soit que de moitié de l'ancien, il est encore de 100 p. 0/0 au dessus de la valeur ordinaire de la tole anglaise et assez fort, pour que l'importation n'en soit point permise. C'est là une véritable concession, et peut-être l'une des plus fâcheuses qui aient été faites au régime protecteur. Vous savez, en effet, Monsieur, quel rôle immense la tole est appelée à jouer dans nos constructions navales et fluviales ; le navire en fer est infailliblement destiné à remplacer le navire en bois. Vous n'ignorez point, en outre, combien notre production est insuffisante et réduite à de minimes proportions. Tout au moins, serait-il désirable que, par mesure exceptionnelle, la franchise des tôles destinées à la construction en entrepôt des navires et des steamers fût introduite dans nos tarifs, sauf à justifier, ainsi que je le proposais dans l'une de mes précédentes lettres, de l'emploi de ces matériaux à la destination déclarée.

Qu'adviendra-t-il de ces innovations sans doute les plus profondes qui aient été introduites, depuis un demi-siècle, dans nos tarifs ?

Pour les houilles, un redoublement d'activité dans l'extraction, un meilleur aménagement des mines, l'ouverture de puits inexplorés ou inexploités jusqu'ici, tels que le bassin de Vicoigne, dans le Nord, et d'une foule d'autres bassins dans la Loire qui leur permettent de rivaliser avec la houille anglaise et belge, et d'alimenter dans une mesure suffisante une multitude d'usines à gaz, de forges, d'aciéries, de verreries, de taillanderies, de fabriques d'armes, de quincailleries, de manufactures de tous genres mues par la vapeur, et de desservir à des prix modérés le chauffage et les besoins domestiques d'une population de plusieurs millions d'individus répandus dans les départements du Nord, de l'Est, du Centre et du Midi.

Pour les fers, y a-t-il lieu sérieusement de craindre, à l'exemple de certains pessimistes, que notre marché soit envahi par les importations de l'Angleterre ?

On ne peut en disconvenir, l'exportation du fer anglais a atteint de nos jours des proportions gigantesques, au-delà de toute mesure. Pour les sept premiers mois de l'année 1853, cette exportation n'est pas restée au-dessous de 267,0000 tonnes de fontes brutes et ouvrées, et de 470,000 de fer en barres auxquelles s'ajontent 12 à 13,000 tonnes d'acier, quantités qui, dans leur ensemble, représentent environ 920,000 tonnes de fontes brutes, soit plus du tiers de toute la production.

On peut estimer aujourd'hui la production de la fonte brute en Angleterre., en minimum, à 2 millions 600,000 tonnes, c'est-à-dire, à trois fois autant, environ, que ce que produisent la France et la Belgique réunies. L'industrie anglaise du fer a ainsi quadruplé ses forces en vingt ans. Le pays de Galles contribue à cette production qui n'occupe pas moins de 573 hauts fourneaux, pour 800,000 tonnes, environ; l'Ecosse, pour autant, les comtés de Worcester et de Strat-ford, pour 600,000 ; le solde est fourni par les autres comtés.

C'est là bien évidemment une production colossale, en présence de la nôtre; mais ce qu'il faut surtout ne pas perdre de vue dans la question des fers et des houilles, pour ne pas céder à des craintes exagérées, c'est que la consommation britannique s'accroît dans une proportion plus considérable encore que l'exportation et la production. Cette consommation est surexcitée à un tel point, que si la production ne la suit pas de près, si elle n'augmente point l'intensité de ses forces et de ses ressources, on appréhende, en Angleterre, pour l'année prochaine, une disette de fers assez semblable à celle des céréales et l'on craint qu'elle soit impuissante à maintenir au même niveau ses larges exportations et à satisfaire en même temps aux besoins sans-cesse progressifs de la consommation intérieure.

Il résulte de toutes ces données un fait incontestable, c'est qu'à aucune époque, l'industrie n'a pris un pareil essor, qu'il ne s'est fait une aussi forte dépense de fer et de houille dans le monde, pour l'alimenter, et que jamais la demande sur notre marché, comme sur les marchés extérieurs, n'a été ni plus active, ni plus pressante.

Le fer en barres qui se vendait en Angleterre, en novembre 1852, fr. 180, coûte aujourd'hui, décembre 1853, fr. 230 à fr. 240, et il en est de même pour la Belgique.

Il est donc présumable que pour le fer en grosses barres et pour les rails des chemins de fer, d'ici au 1er janvier 1855, il ne pourra pas être importé de rails anglais en France, parce que les prix étant actuellement très élevés de l'autre côté du détroit, les rails anglais, avec les frais de transport et le droit provisoire de f. 12 à 16 reviendraient sur le littoral à plus de fr. 100, au-delà du prix auquel les maîtres de forges français ont livré ces matériaux pris en forges.

Ainsi, on le voit, le dégrèvement opéré sur les fers par le décret du 22 novembre 1853 est une mesure prudente qui laisse le temps à nos maitres de forges de prendre leurs précautions, d'imprimer à leur industrie une impulsion plus énergique et de se préparer d'avance à la lutte, si elle devait s'engager plus tard.

Je ne puis me défendre, monsieur, en terminant cette lettre, d'une réflexion qui sort tout naturellement du sujet qui m'occupe.

Les membres de nos anciennes assemblées parlementaires, dans les dernières années qui viennent de s'écouler, notamment, avaient eu le tort grave de vouloir tout conserver ou tout abattre, en matière de tarifs. Pour les uns, ces tarifs étaient une sorte d'arche sainte, de Palladium sacré, auxquels il fallait bien se garder de toucher et de porter la moindre atteinte, sous peine de voir l'édifice entier de notre industrie s'écrouler et ensevelir sous ses décombres le travail avec le marché national. Pour les autres, le remaniement le plus sérieux n'aurait pu les satisfaire, s'il n'avait été fait table rase complète de ces mêmes tarifs ;

Protectionnistes et libre-échangistes se comportaient comme des plaideurs, qui voulaient tout ou rien, gagner ou perdre leur procès.

L'essentiel, dans un problème aussi difficile à résoudre, qui touche aux artères les plus vitales du pays, à sa gloire, à ses finances, à sa prospérité matérielle, à son avenir, l'essentiel, ce n'est ni de gagner ni de perdre son procès, c'est de le transiger.

Le décret du 22 novembre 1853 qui fera époque dans nos annales industrielles, a merveilleusement atteint ce but.

LETTRE XI.

La colonisation.

Il me faut bien encore, monsieur, vous entretenir quelques instants de colonisation, et c'est par là que je finis.

Je retrouve ici un préjugé fort contagieux et fort enraciné dans nos nouvelles mœurs économiques. Depuis qu'on a vu St-Domingue, le Canada, la plus belle des Antilles, la Louisiane, l'île de France et presque tout un empire dans les Indes soumis à la métropole par Dupleix, s'échapper successivement de nos mains, on s'est dit que la

France n'est pas apte à coloniser, qu'il vaut beaucoup mieux pour elle se replier, vivre au dedans, que s'irradier au dehors, et l'on a poussé si loin cette répulsion pour les colonies, qu'on a été même longtemps à calculer, par francs, sous et deniers, ce que nous coûte en hommes et en argent cette magnifique conquête de l'Afrique, pour nous en conseiller l'abandon.

Eh quoi! la nature, dans sa munificence pour nous, aurait doté notre sol de quatre cents lieues de côtes, d'un superbe littoral sur les deux mers, sur l'Océan, de Dunkerque à Bayonne, sur la Méditerranée, d'Antibes à Port-Vendres, elle l'aurait entouré de hâvres, de rades bien abritées, de rivières accessibles aux plus grands vaisseaux, d'une race de marins qui rivalise avec les plus fortes et les plus vigoureusement trempées, elle nous aurait prodigué toutes ces richesses, tous ces dons, pour en méconnaître la valeur ou en négliger l'emploi? A l'appui de cet étrange système, on invoque les souvenirs de l'Empire, on rappelle ce que Napoléon fit de la France comprimée par le blocus continental; mais on oublie que Napoléon, dominé par la nécessité des circonstances, par la force des choses, fut entraîné, malgré lui, à leur opposer un régime artificiel, contraire à leur propre nature, que son génie seul pouvait concevoir et tenter, comme une épreuve passagère et qui ne pouvait survivre aux besoins dont il était issu. Quel chef d'empire a, du reste, ambitionné avec plus d'ardeur les expéditions lointaines et les grandes conquêtes maritimes? N'est-ce pas Napoléon qui, le premier, appela la Méditerranée un lac français, qui imposa au Directoire la campagne d'Egypte, et qui, plus tard, à Tilsitt, portait de là ses regards d'aigle jusqu'à l'Indus, au Gange, et ne désespéra point de reconquérir St-Domingue sur le terrible fléau des mornes et sur la sauvage et sombre indépendance de Toussaint Louverture?

Si tous les peuples avaient professé le dédain

des colonies, les Grecs n'auraient pas colonisé l'Italie, les Romains n'auraient pas colonisé l'Europe, l'Europe, à son tour, n'aurait pas colonisé l'Amérique et les Indes; la civilisation, courte et incomplète, se serait étiolée dans un coin du globe, ignorant tout ce que lui a appris le parcours entier de notre planète, et négligeant tout ce qui lui a été révélé de trésors enfouis dans son sein.

On relève ce que nous coûte la conquête de l'Afrique. Sait-on ce qu'a coûté et ce que coûte encore la possession de l'Inde aux Anglais?

En 1756, le sultan Chigari-el-Doulad s'empara de Calcutta, que Clive ne reconquit que dix-huit mois après, au prix des plus pénibles efforts.

Nous n'avons eu encore qu'Abd-el-Kader à combattre. Les Anglais eurent à réduire successivement Hyder-Aly en 1776, Tippo-Saeb de 1784 à 1798, Mahadi-Scindia de 1800 à 1806; en 1818, un siècle et demi après l'installation définitive de la Compagnie, les Maharattes résistaient encore dans les plaines de Pounah; six ans après, c'était le tour des Birmans ; naguère encore, on se battait devant Caboul, on se canonnait en Chine. La Compagnie suspendit trois fois ses paiements, et en 1773, il fallut que l'Etat vînt à son secours. Aujourd'hui, elle est en liquidation, et ses actionnaires ne sont plus que de simples rentiers de l'Etat.

L'Afrique n'a présenté aucune de ces alternatives de fortune, de ces sinistres commerciaux. Il est vrai que l'Angleterre gagne beaucoup plus avec l'Amérique affranchie qu'elle ne gagnait avec l'Amérique soumise et restreinte dans son commerce par les lois coloniales, mais, au point de départ, il a fallu l'élément colonisateur, pour amener cette transition. Soutenir qu'on ne doit pas coloniser, c'est supprimer l'un des ferments et des aiguillons les plus actifs de l'activité humaine, c'est en refouler la sève qui a besoin d'air et d'espace, pour rayonner et produire ses plus merveilleux résultats.

Une colonie onéreuse pour l'Etat peut être très-féconde pour ses administrés. Le trésor en souffre temporairement peut-être, mais qu'importe si la richesse générale du pays s'en accroit ? Le trésor a bientôt regagné, à l'aide de l'impôt, les avances qu'il a semées, agrandies et décuplées par le génie particulier qui les exploite.

La possession d'un empire qui s'étend de la Méditerranée au désert de Sahara mérite bien qu'on l'achète au prix de quelques sacrifices, de quelques efforts, d'un peu d'opiniâtreté et d'esprit de suite.

Où trouverait-on pour notre armée une meilleure école d'apprentissage, un aliment mieux approprié à notre activité nationale, un plus magnifique sol ? où se sont aguerris de plus mâles courages et de plus vaillants généraux ? où trouverait-on pour notre industrie nationale des matières premières d'une plus haute valeur, et pour notre commerce, une région plus fertile en échanges et en débouchés ?

Du reste, ces idées contraires à la colonisation ont fait leur temps, et vous savez, monsieur, avec quelle sollicitude le gouvernement impérial s'est appliqué à prodiguer tous les genres d'encouragements aux concessionnaires de terrains en Afrique, et à favoriser l'essor de la production indigène. L'exposition des produits agricoles et industriels de la province d'Alger qui a eu lieu en 1850, montre tout ce qu'on peut attendre de cette immense colonie. Le tabac, le mûrier, l'olivier, la soie, la cochenille, la garance, le ricin, le lin, le chanvre, l'indigo, les vins de luxe, donnent les plus brillantes espérances. Le coton en laine, surtout, est en mesure de rivaliser avec la plus belle espèce connue dans le monde, le Géorgie-longue-soie d'Amérique. Des cotons algériens ont été filés jusqu'à 300,000 mètres, degré de ténuité qui dépasse de beaucoup les besoins de l'industrie.

Il faut bien s'en pénétrer, le produit industriel, sans les colonies et la mer qui le mettent en valeur, ne serait qu'une richesse morte ; la mer, sans le produit, une voie stérile. L'expansion sollicite la production, et réciproquement. Diminuez l'intensité de celle-ci, vous diminuez l'intensité de celle-là. Loin de s'exclure, ces divers éléments se combinent et sont destinés à s'attirer et vivre dans les liens de la plus étroite solidarité.

C'est à la navigation, à la colonisation, à la mer, qu'il appartient désormais de rétablir l'équilibre entre la masse des producteurs et des consommateurs, en général, d'amener une répartition plus égale de la richesse et des profits entre peuples, une meilleure exploitation des produits et des moyens de transports, de dégager le superflu des uns pour combler le déficit des autres.

C'est là que doivent se dénouer tous les problèmes de paix et de guerre, de droit international, de réciprocité, de domination positive.

C'est là que germe l'avenir, que de nouveaux leviers, de nouveaux instruments de puissance s'essayent à mesurer leur force, à calculer leurs chances de fortune, à sonder les mystères de l'inconnu. La mer, c'est le théâtre naturel des fécondes pensées, des merveilleuses découvertes, des immenses entreprises, comme le percement de l'isthme de Panama et de Suez, c'est le champ illimité où viennent s'épanouir les plus admirables conceptions, les plus aventureux desseins, les tâches les plus laborieuses qui soient capables de tenter le génie de l'homme. C'est l'école des austères vertus, des dévouements héroïques; c'est elle qui porte dans son sein les destinées futures des nations, qui retrempe leur sève et leur énergie.

Et maintenant, monsieur, si je résume ce long travail qui repose encore plus sur des faits que sur des théories, quels sont les points culminants que j'y trouve? Des transformations et des évolutions profondes dans l'agriculture, l'industrie, la navigation, le commerce, le crédit. Une noble émulation des peuples européens qui les dispose à faire un meilleur emploi de leurs richesses, de leur sol, à se suffire à eux-mêmes, à s'approprier tous les genres de produits, à exploiter les contrées les plus lointaines du globe en commun et à s'y distribuer des parts plus égales. En attendant les fruits de cette nouvelle tendance, les industries qui naissent aux Etats-Unis, en Russie, s'abritant de la protection pour mûrir, celles qui ont atteint l'âge de la maturité, comme en Angleterre, pouvant affronter, sans danger, l'épreuve de la liberté commerciale, celles qui en ont tenté un essai trop précoce, s'exposant à succomber à l'œuvre.

Un exemple heureux d'association douanière entre peuples, entre l'Autriche, la Prusse, l'Allemagne, connue sous le nom de Zollverein, qui pourra servir, plus tard, de modèle à d'autres associations du même genre, un nouveau décret de dégrèvement sur les houilles et les fers étrangers qui aura nécessairement pour résultat de faciliter nos échanges, de resserrer nos liens avec l'Angleterre, et de neutraliser la guerre si funeste des tarifs, la mécanique et la vapeur se substituant partout à la force de l'homme avec leur puissance sans bornes et leurs incalculables prodiges, l'électricité sur le point d'amener, dans l'offre et la demande, dans l'achat et la vente, une révolution complète, et, comme pour favoriser encore ce nouvel élan des peuples, pour activer le commerce international, approvisionner les marchés européens qui en sont encore dépourvus, attirer la population exubérante et le génie colonisateur de l'Europe, une affluence providentielle de trésors aurifères sortie des flancs des montagnes, des sables et des profondeurs des vallées de la Californie et de l'Australie, qui laisse bien loin derrière elle la fécondité des mines du Mexique et du Pérou.

Le besoin de la paix dans les relations, quelque agitation factice de temps à autre à la surface, mais, le fond tranquille et sûr, tels sont les symptômes qui se révèlent aujourd'hui. D'autre part, les intérêts qui se fusionnent, les aspérités qui s'effacent, les capitaux qui s'entrecroisent d'un pays à l'autre et rendent les ruptures plus difficiles, en les rendant plus douloureuses, les préjugés qui capitulent, les barrières qui s'abaissent en Enrope, comme elles s'abaissaient jadis entre provinces d'une même nation.

En l'état de nos rapports industriels et commerciaux, le seul conflit à craindre est une lutte de débouchés et de tarifs ; mais là où l'honneur n'est pas engagé, une transaction est toujours facile, les embarras que l'épée seule tranchait autrefois, la diplomatie et les ligues d'intérêts les dénouent.

Si l'on disait ensuite : voilà un pays qui a été secoué, il y a deux années à peine, par la plus redoutable tempête qui puisse ébranler une nation, faire trembler l'ordre social sur ses bases les plus sacrées, tarir toutes les sources de la richesse, du travail et du crédit, en deux années, son commerce extérieur, ses douanes, ont repris le même niveau qu'à ses jours les plus prospères.

On y avait en vain agité dans d'interminables débats, au sein de ses assemblées parlementaires, le problème de la conversion de la rente, sans oser y toucher, et la rente a été convertie, sans secousse, sans perturbation dans les fonds publics.

On regardait l'équilibre du budget comme impossible, en l'état d'un surcroît de dépenses et d'améliorations matérielles de tout genre, et l'équilibre a été rétabli. On craignait qu'il ne résultât de cet équilibre une augmentation d'impôts, et la propriété foncière a été dégrevée de 27 millions, et un nouveau dégrèvement de la personnelle et de la mobilière vient de se réaliser. On désespérait presque d'organiser un système convenable de crédit agricole, et le crédit foncier a été fondé. La réforme hypothécaire, désirée et débattue depuis si longtemps, ne pouvait aboutir et menaçait de rester à l'état insoluble, et cette même fondation du crédit foncier en a simplifié les rouages et résolu les difficultés les plus sérieuses. On avait besoin d'un agent actif de circulation et de négociation dans les valeurs industrielles et mobilières, et le crédit mobilier est venu en aide à ce besoin. On regardait les banques d'échange comme chimériques, les prêts sur gage comme ruineux, la garantie des escomptes, réduite à deux signatures, comme une des expériences les plus dangereuses à tenter, et de nombreuses banques d'échange fonctionnent à la grande satisfaction du petit commerce, des industries parcellaires, et la banque de France elle-même entrant avec hardiesse dans cette nouvelle voie, vient d'être autorisée à prêter sur tous les genres de grains, et la garantie des escomptes a été réduite indirectement à deux signatures.

L'or faisait le renchéri, le difficile, le tyran, pour me servir de l'expression d'un publiciste beaucoup trop incisif, et la coupure en monnaie de dix francs l'a réduit au rôle d'appoint vis-à-vis du billet de banque, comme l'argent joue le rôle d'appoint vis-à-vis du métal précieux. On craignait une dépréciation de ce dernier métal, et tandis que les Pays-Bas, la Hollande, le Portugal, la Belgique le démonétisaient, on le convertissait, en France, en ornements, en dorures, en bijoux, en orfèvrerie, en vaisselle, dans des proportions inusitées jusqu'à nos jours. On regardait la reprise de la prospérité matérielle comme factice, comme bornée à la surface, comme le résultat de la spéculation, de l'agiotage, et les industries les plus vitales du pays, les forges, le fer, la houille, les manufactures de coton, de lainages ont pris un essor inattendu, et la prospérité, le crédit circulent et s'étendent juqu'aux artères les plus distantes de Paris.

On appréhendait pour l'avenir les effets de la concurrence sur nos industries d'art et de luxe où nous ne connaissons pas de rivaux, et la récente exposition au palais Saint-Pierre, du manteau de cour et des somptueuses étoffes lamées d'or et d'argent offerts à l'Impératrice est venue montrer tout ce que la fabrique lyonnaise, dans son intarissable fécondité d'invention, était capable d'ajouter de nouvelles merveilles à celles qui ont fait la surprise et le désespoir de l'exposition universelle de Londres. Nos lignes principales de chemins de fer étaient frappées de langueur, et ces lignes s'achèvent avec une admirable rapidité, et des lignes supplémentaires, comme le Grand-Central, qui n'entraient point dans les prévisions de notre réseau primitif, sont sur le point de porter la vie et le mouvement dans le cœur de la France, qui dépérissait, faute de communications.

Je ne vous parle pas, Monsieur, de ces immenses travaux d'utilité publique qui s'accomplissent si vaillamment dans les grands centres, Paris, Lyon, Marseille, Bordeaux, de ces innombrables améliorations apportées au sort des classes laborieuses, des cités ouvrières, des bains et lavoirs publics, des mille caisses de retraite, de secours, des asiles, des crèches qui fonctionnent sur tous les points de notre territoire avec un amour et une intelligence du bien public sans précédents jusqu'à nos jours.

A qui donc attribuer une pareille régénération opérée en si peu de temps, si ce n'est à Dieu qui protége la France, à la sagesse éprouvée et à la sollicitude incessante de l'Empereur qui la gouverne?

NOTES.

NOTE 1.

Machines aratoires et à vapeur

—

Page 6.

En 1839, à la première exposition de la Société Royale d'agriculture de l'Angleterre, on ne comptait que 33 machines aratoires ; à l'exposition de Glocester, qui a eu lieu le 25 juillet 1853, on en comptait 2,000 et 23 machines à vapeur. Les plus remarquables, parmi les premières, sont le célèbre rouleau brise-mottes de Croskill, la herse de Norwège du même fabricant, les semoirs de Garrett, la houe à cheval du même, la charrue de Ransome, le scarificateur de Biddell, celui de Bentall, les machines à fabriquer les tuyaux de drainage, les hâche-pailles, les coupe-racines, la machine pour éclaircir les turneps, la machine à moissonner, *reaping-machine*, de Mac-Cornick et de Bell, et la machine à battre, *trashing-machine*.

Parmi les machines à vapeur, *steam-engines*, qui figuraient à la dernière exposition de Glocester, et qui sont destinées à accomplir les principales opérations agricoles, on distinguait celles qui battent le blé, hâchent les pailles, broyent les fèves et les tourteaux, les machines de Garrett, de Hornsby, e surtout celle de Clayton, qui a obtenu le prix en 1853.

NOTE 2.

Paquebots anglais entre l'Angleterre et l'Australie.

—

Page 79.

Il vient d'être établi une ligne de navires à vapeur entre l'Angleterre et l'Australie, par le moyen d'annexes au service de l'Inde.

Par la ligne la plus droite, qui est celle du cap de Bonne-Espérance, d'Angleterre en Australie, il n'y a pas moins de 19,100 kilomètres, à peu près la moitié du tour de la planète. De là est née en Angleterre une entreprise de paquebots à vapeur qui mérite d'être signalée à la curiosité publique pour les proportions inouies qu'ont les bâtiments et pour la célérité inusitée qu'annoncent les entrepreneurs.

L'ingénieur qui dirige la construction de ces paquebots, après en avoir formé le plan, est M. Brunel, le fils de feu notre célèbre compatriote du tunnel sous la Tamise. M. Brunel fils est l'auteur d'une multitude de vastes travaux parmi lesquels il suffit de citer un des plus beaux chemins de fer qu'il y ait dans le monde, le *Great-Western*, qui unit Bristol à Londres.

L'entreprise dont s'agit porte le nom de *navigation à vapeur de l'Orient*; elle emploiera dix navires qui auront les dimensions suivantes :

Longueur (207 mètres, 40 centimètres.)

Largeur, indépendamment des roues (15 mètres, 48 centimètres.)

Profondeur de la coque (17 mètres, 69 centimètres.)

Ces navires seront munis de plusieurs machines à vapeur formant ensemble une force de 2,600 chevaux; ils auront à la fois des roues à aubes et des hélices, afin de réunir à la fois les avantages particuliers à chacun des deux systèmes.

Les nouveaux navires à vapeur auront plus du triple de la longueur d'un vaisseau de ligne de 120 canons.

On est ainsi arrivé à un tonnage sans exemple dans le monde, de 28,000 tonneaux ; c'est six fois le tonnage d'un vaisseau de ligne de 120 canons; la consommation de houille est estimée de 4,000 à 6,000 tonnes, pour l'aller et le retour, qui feront ensemble à peu près 10,000 lieues de 4 kilomètres, l'une.

D'après les plans qui ont été dressés en détail et à l'exécution desquels on procède, il y aura cinq cents cabines pour les seuls voyageurs de la première classe, et des chambres à proportion, c'est-à-dire, beaucoup plus nombreuses pour les seconde et troisième classe ; au besoin, on y placerait plusieurs régiments.

La vitesse présumée de ces paquebots extraordinaires ne sera , dit-on, pas moindre de 15 nœuds à l'heure, soit, 27 kilomètres ; c'est la vitesse des convois omnibus des chemins de fer. Avec une vitesse pareille, le passage de France en Algérie ne durerait pas plus de 24 heures.

On espère ainsi aller en Australie en 33 ou 36 jours. Ces gigantesques paquebots seront construits entièrement en tôle.

NOTE 3.

Manufactures de cotonnades aux Etats-Unis.

—

Page 99.

L'un des faits les plus considérables de notre époque, c'est le progrès des manufactures de cotonnades aux Etats-Unis. A la faveur des nouveaux tarifs qui assurent aux tisseurs américains une protection de fr. 30 à 35 pour 0/0, des sociétés diverses se sont mises en devoir de doubler leur essor, en ajoutant aux forces hydrauliques celles de la vapeur. La première filature de coton date, aux Etats-Unis, de 1824.

En 1826, l'Amérique consommait 14 millions de kilogrammes de coton pour ses manufactures ; elle en a consommé, en 1853, (campagne terminée de septembre), 120,780,000 kilogrammes.

Le géant américain n'est encore qu'à ses premiers essais, et déjà la France lui est inférieure, quant aux quantités produites, dans les proportions de 64 à 100.

Fabriquer, d'une manière à peu près exclusive pour les habitants de l'Union, et, en second lieu, disputer aux Anglais les marchés de l'Amérique du Sud, de l'Asie et des mers Pacifiques, payer avec leurs cotonnades, les marchandises précieuses et les denrées les plus attrayantes du monde oriental, telle est l'ambition progressive des Américains du Nord. Leurs exploitations qui consistent en tissus grossiers, blancs ou imprimés, valent, dès aujourd'hui (1853), plus de 40 millions de francs. Leur principal débouché est la Chine. Ils y introduisent déjà pour 12 millions de cotonnades.

On peut prévoir que dans cinq années, les Etats-Unis consommeront plus d'un million de balles de coton, le tiers des meilleurs récoltes obtenues jusqu'à ce jour, et si la révolution qui s'accomplit en Chine devait avoir pour résultat d'ouvrir largement aux Américains ce vaste empire où ils se sont déjà insinués, qui sait s'ils n'aviseraient pas aux moyens d'écarter les concurrences en entravant l'exportation des matières premières ?

Les Etats planteurs seraient peut-être moins opposés à ce projet qu'on ne le suppose, car on s'y passionne pour la fabrication. Déjà plus de 100,000 balles y sont confectionnées, et il a été question d'appliquer les esclaves à la filature.

On estime les besoins des manufactures diverses de coton satisfaits en 1853, pour l'Angleterre, la France, les Etats-Unis et autres pays, à 685 millions de kilogrammes, dépassant de quelques millions la récolte obtenue.

Avec la quantité toujours croissante de matières premières que dévorent les manufactures américaines, il est sérieusement à craindre qu'un jour la production ne corresponde plus aussi exactement aux besoins des fabriques européennes. L'Angleterre s'en préoccupe déjà très-fort, et il est désirable que la France y avise en développant la culture des espèces précieuses de coton en Afrique.

NOTE 4.

Décret du 22 novembre 1853, sur la houille et le fer.

—

Page 121.

NAPOLÉON, etc., etc.

Avons décrété et décrétons ce qui suit :

Art. 1er. Il est ouvert à notre ministre secrétaire d'Etat au département de l'intérieur, sur l'exercice 1853, un crédit de cinq cent mille francs (500,000 fr.), et sur l'exercice 1854 un crédit de trois millions cinq cent mille francs (3,500,000 fr.) pour subventions aux travaux d'utilité communale.

Ces subventions seront applicables, concurremment avec les ressources des communes, aux travaux entrepris, notamment sur les chemins, dans le but d'occuper les classe ouvrières.

Art. 2. La régularisation de ces crédits sera proposée au Corps-Législatif, lors de sa prochaine session.

NAPOLÉON, etc., etc.

Vu la loi du 17 décembre 1814 (art. 34);

Après avoir pris l'avis de notre conseil supérieur du commerce, de l'agriculture et de l'industrie,

Avons décrété et décrétons ce qui suit :

Art. 1er. Les droits à percevoir à l'entrée des houilles et des fers étrangers sont établis ainsi qu'il suit :

Houille (les 100 kilogrammes) :

Crue :

Par mer : des Sables-d'Olonne exclusivement à Dunkerque inclusivement, par navires français, 30 c.; par navires étrangers, 80 c.

Par tous autres points : par navires français; 15 c.; par navires étrangers, 65 c.

Par terre : de la mer à Halluin exclusivement, 30 c., par tous autres points : Droits actuels.

Carbonisée (coke) :

Moitié en sus des droits de la houille crue.

Cendres (de) :

Droit actuel.

Fer (les 100 kilogrammes) :

Fonte brute en masses pesant 15 kilogr. ou plus.

Par mer : Par navires français, 5 fr., par navires étrangers, 5 fr. 50 c.

Par terre : De Blanc-Misseron inclusivement à Mont-Genèvre exclusivement; des pays limitrophes, 4 fr. d'ailleurs, 5 fr.

Par tout autre point, 5 fr.

Etirés sans distinction du mode de fabrication :

Par navires français et par terre :

En barres plates de :

458 millimètres et plus, la largeur multipliée par l'épaisseur, 12 fr.

213 millimètres inclusivement à 458 exclusivement, la largeur, id., 14 fr.

Moins de 213 millimètres, la largeur, id., 16 fr.

En barres carrées de :

22 millimètres et plus sur chaque face, 12 fr.

15 millimètres inclusivement à 22 exclusivement, id., 14 fr.

Moins de 15 millimètres, id., 16 fr.

En barres rondes de :

15 millimètres et plus de diamètre, 14 fr.

Moins de 15 millimètres, id., 16 fr.

Par navires étrangers : Droits ci-dessus augmentés de 1 dixième.

En barres à rainures, dites *rails*. — Mêmes droits que les fers étirés, suivant leurs dimensions.

Platiné ou laminé-noir-tôle :

Par navires français, 25 fr.; par navires étrangers et par terre, 27 fr. 50 c.

Acier en barres, naturel ou fondu sans distinction :

Par navires français, 40 fr.; par navires étrangers et par terre, 44 fr.

Art. 2. A partir du premier janvier 1855, le droit sur les fers sera fixé d'après le tableau suivant :

Fer (les 100 kilogrammes) :

Fonte brute en masses pesant 15 kilogrammes ou plus (les 100 kilogrammes) :

Par mer : Par navires français, 4 fr.; par navires étrangers, 4 fr. 40 c.

Par terre : 4 fr.

Etiré sans distinction du mode de fabrication :

Par navires français et par terre :

En barres plates de :

458 millimètres et plus, la largeur multipliée par l'épaisseur, 10 fr.

213 millimètres inclusivement à 458 exclusivement, id., 12 fr.

Moins de 213 millimètres, id., 14 fr.

En barres carrées de ;

22 millimètres et plus sur chaque face, 10 fr.

15 millimètres inclusivement à 22 exclusivement, id., 12 fr.

Moins de 15 millimètres, id., 14 fr

En barres rondes de :

15 millimètres et plus de diamètre, 12 fr.

Moins de 15 millimètres, id., 14 fr.

Par navires étrangers : Droits ci-dessus augmentés de 1 dixième.

En barres à rainures, dites *rails*. — Mêmes droits que les fers étirés, suivant leurs dimensions.

Platiné ou laminé noir-tôle :

Par navires français, 20 fr.; par navires étrangers et par terre, 22 fr.

Acier en barres, naturel ou fondu sans distinction.

Par navires français, 30 fr.; par navires étrangers et par terre, 33 fr.

Art. 3. Il n'est pas dérogé aux dispositions des lois, décrets et ordonnances qui ne sont pas contraires au présent décret.

Art. 4. Notre ministre de l'agriculture, du commerce et des travaux publics, et notre ministre des finances sont chargés, chacun en ce qui le concerne, de l'exécution du présent décret.

Fait au palais de Fontainebleau, le 22 novembre 1853.

NAPOLÉON.

NOTE 5.

L'Or.

—

Page 149.

On a évalué approximativement la production de l'or dans le monde, pour l'année 1852, ainsi qu'il suit :

Produit des lavages de la Californie.	fr. 300 000,000
Celui de l'Australie.	160,000,000
Celui de l'Oural et de l'Altaï. . .	90,000,000
Celui du reste du monde. . . .	50,000,000
Total.	fr. 600,000,000

La Californie a rendu 750 millions, pendant les quatre années 1848, 1849, 1850 et 1851. La Russie, à raison de 100 millions par année, a donné 400 millions, et les autres gisements aurifères, 200 millions. Ainsi, à la fin de 1852, la production de cette période quinquennale aura atteint un chiffre qui approchera de 2 *milliards*, résultat jusques-là sans exemple dans l'histoire, car jamais l'or n'avait coulé d'une source aussi abondante et par tant de fleuves à la fois.

La production de l'or, en 1853, excédera, dit-on, de 5 à 600 millions celle de l'année 1846.

Les pièces monnayées à Paris, durant les dix premiers mois de 1853, représentent la somme de 250 millions de francs. Il résulte de ces données sur la production de l'or, que nous n'avons pas plus à craindre aujourd'hui la disette des métaux précieux qu'il n'était raisonnable, en 1852, d'en redouter le trop-plein. Suivant l'estimation la plus modérée, nous aurons 150 ou 200 millions à exporter en numéraire pour solder les 10 millions d'hectolitres de céréales que nous avons été obligés de demander à l'étranger pour combler notre déficit. L'Angleterre est dans le même cas ; les nations qui ont reçu de l'or en échange de leurs céréales, viendront quelques mois plus tard échanger cet or contre nos soieries, nos articles de goût et de mode

L'un des faits les plus curieux dans le mouvement d'expansion et d'absorption de l'or, c'est que les 30 milliards de métaux précieux que le Mexique et le Pérou ont versés pendant trois siècles en Europe, depuis la conquête espagnole jusqu'au commencement du XIXe siècle, ont à peu près disparu.

TABLE DES MATIÈRES.

www.ingramcontent.com/pod-product-compliance
Lightning Source LLC
LaVergne TN
LVHW060102240826
846091LV00018B/4071